天国村の村長・

うすへいさん

松山 光稲

MATSUYAMA Mitsuine

文芸社

1

私はスピリチュアルカウンセラーとして活動をしています。そんな私が天国村の村長うすへいさんと出会ったのは、関東地方における100年に一度の大雪の日でした。うすへいさんは言葉で伝えてきましたから、大変におもしろい会話ができました。天国のことなどを聞いてみました。信じられないことでしょうが、楽しく大笑いをしながらの交霊になりました。

（相談者・花さんの守護霊様ですね）はい
（今いる場所は天国ですか？）そうだよ！
（天国ってどんなところですか？）いいところだよ〈ニコニコ〉
（何か欲しい物はありますか？）あるョ
（何が欲しいのでしょうか？）フゥーふゥーだよ
（フゥーふゥーって何？）だからフゥーふゥー
（分からないですよ〈笑〉）フゥーふゥー
（分からないです〈笑〉。自分の名前は分かりますか？）俺かい、うすへいっていうんだ
（うすへいさんですか？）そうだよ〜うすへいだよ〜
（うすへいさんはおもしろいね〈笑〉）そうだよ、俺おもしれえだろ！〈ニコニコ〉おもしれ〜んだ
（嬉しそうな顔していますね。うすへいさん、仕事は？　何をしていたの？）俺かい、フゥーふゥーだよー
（あァー分かった。お豆腐屋さんでしょう〜〈笑〉）そうそう、そうだよ、豆腐屋だよ。

フゥーふぅーだよ
（見えてきた、桶をかついで行商していたのでしょう～）そうそう、そうなんだよ～
（分かった、うすへいさん、お豆腐を売る時のラッパが欲しいのでしょう？）そうそう、そうなんだよ～〈ニコニコ〉
（うすへいさん、残念だけど、こちらの時代は、今はお豆腐屋さんのラッパはないのよ。どこに売っているか分からないよ～）ないのかい、フゥーふぅーはないのかい
（うすへいさん、ゴメンね！　似たようなものをあげるね〈笑〉）ウン
（うすへいさん、教えて、天国ってどんなところ？　うすへいさんは天国にいるのでしょう？）そうだよ、いいとこだよ～〈ニコニコ〉
（天国では眠るの？）眠る、眠る。今、眠ってたんだ
（そうか、うすへいさん、寝ていたということは、家があるということよネ）家、あるよ〈ニコニコ〉
（天国だから立派な家でしょう～）そうだよ～いい家だよ
（誰と住んでいるの？）兄貴、姉、母親、３人と住んでる

〈うすへいさん達は、喧嘩をするの？〉しない、しない〈ニコニコ〉
〈争いは？〉ない、ない
〈天国って幸福な場所なんですね〉そうだよ、いいところだよ
〈そこは、私達と同じように暮らしているのでしょうか？〉そうだよ、同じだよ
〈何人ぐらい居るのでしょうか？〉100人かな～、200人かな～〈上を見ながら数えている〉
〈うすへいさん、ありがとう〉

霊界から、うすへいさんが来てくれました。うすへいさんは言魂《ことだま》と言って、相談者の口を借りて言葉で話してくれました。おもしろい人で身振り手振りで話すのです。そのしぐさが可愛くって、愛らしくて、うすへいさんと、大笑いしながら交霊をしていました。うすへいさんは幕末時代に生きていた人なので、その時代背景が天国にもあります。うすへいさん達が育った環境の中にいまだに居ると分かりました。現在の文化は分からないようです。「天国の住民は眠らないで、好きなことをしている」と伝えた

霊様と、うすへいさんのように「寝ていた」と伝えてきた霊様がいますが、どっちにしても自分の好きにしていると伝わりました。うすへいさんは言葉を出すのに、時間をかけています。赤ちゃんの話し始めのような感じです。そのしぐさが可愛くって、うすへいさんは優しい人で、何を問い掛けてもニコニコ笑って教えて下さいました。うすへいさんはおもしろすぎです。うすへいさんが生きていた時代の仲間が、霊界で生活しています。

その時代にうすへいさんはお豆腐を桶に入れて行商していたのでしょうか。うすへいさんが欲しがるラッパはなかったために、現世の笛をお供えしました。今頃はフゥーふゥーではなくて、ピィーピィーと笛を鳴らしているでしょうね。

2

昨日のうすへいさんの話が大変におもしろく、霊界を知るのにとても参考になるため、書き記します。

うすへいさんとの会話はまだ続きました。身振り手振りで話してくれました。

(うすへいさん、家があると話していたから、自分の部屋もあるの?) あるよ~

(こちらの世界と同じなら、朝は顔を洗うの?) 洗うんだよ~

(同じですか?) 同じだよ~

(うすへいさん、教えて、自殺した人はいるのでしょうか?) あれはダメだ、ダメなんだ~ダメだなぁ~

(自殺した人は天国に行けないですよね) ダメだなぁ~

(うすへいさん、生まれ変わる時は、誰か迎えに来るのですか?) 来るね!

（誰が来るの？　神様、天使、守護霊様、指導霊様、背後霊様？）指導だ～、指導
（順番で来るの？）そうなんだよ！　順番
（生まれ変わるためにいなくなると、みなさんは悲しむの？）うん、淋しいね～
（新しい人が天国に来ると、どうなの？）嬉しいね〈ニコニコ〉
（では死んで上に来ると、嬉しいの？）ちょっと違うな、そうんじゃねぇな～会えるから嬉しい～よ
（また、表現が違うのですね。病気で亡くなった人は、霊界に行くと元気になっているの？）なってんだよ〈ニコニコ〉
（そう、みなさん元気なんですね）そうなんだよ～
（天国は好きな人といられる場所？）そうなんだよ、好きな人と暮らすんだよ～
（動物は、また動物に生まれ変わるの？）そうだよ！
（神様の許しを受けて人間になる動物もいるのでしょうか？）俺、分かんね～、すまねえな～そういうの分かんね～
（うすへいさん、ゴメンなさい！　難しいですね）頼みがある

（どうしたの、うすへいさん）花を面倒みてくれ、１人で泣いているから。

俺は可哀相で仕方がない。何もしてやれねえからさ～心配しているさ～

（そうね、うすへいさん、前世時のお祖父さんだもの、心配ですね）もう少しだからな、もう少し、頑張れ、頑張れな、見ているからな……

（うすへいさんありがとう、頑張るように伝えますね！）頼んだよ
（うすへいさん、もう天国に戻って、夕飯になりますよ）あっ、そうか、飯食わなくっちゃあ～また早めに呼んでくれなぁ～


分かりました。霊界の事情を詳しく教えてくれました。

うすへいさんは感極まり、涙を見せて、帰る頃には相談者を労り、勇気づけて帰りました。私は守護霊様に相談者を頼まれることになりました。うすへいさんに夕飯だよと伝えたら、なんといそいで天国に帰りました。昨日は明るく楽しいうすへいさんでしたが、今日は涙もろく相談者を気遣う情に溢れた、１人の守護霊様になっていました。

今は辛いが必ず良くなると伝えて下さいました。自殺者は天国の住民にはなれません。

また病気などで苦しみながら亡くなった人達は霊界に上がると健康体になっているようです。犬や猫も一緒にいると分かりました。うすへいさんとの会話の中で、幕末期に、相談者の祖父だった時と、江戸時代に私の兄だったことが分かりました。やはり全てはどこかで私達と繋がっていると分かります。うすへいさんは、また来るから早く呼んでくれと伝えてきました。今度キャッチできた時は、うすへいさんは何歳なのか聞いてみましょう。それにしても、守護霊様から相談者・花さんの面倒をみて下さいと頼まれたなんて……。今後も、相談者にはうすへいさんがいつも近くにいるのでしょうか？

うすへいさんはいつも西の方角にいるので、用がある時は西に向かい、

「うすへいさん」

と声を掛けると、白馬に乗ったうすへいさんが駆け付けて下さるのでしょうか？

素敵なうすへいさんのファンになりました。

3

また、うすへいさんが来て下さいました。

会話を伝えても良いとのことなので、お伝えします。うすへいさんは江戸時代は私の兄だったので、話がその頃のことに変わっているようです。相談者の守護霊様ですが、長期滞在で3月1日までいるそうです。その間に守護霊の役目をすると伝わりました。

（うすへいさんをキャッチできました）また〜来たよう〜〈ニコニコ〉

（うすへいさんありがとう、うすへいさんは何歳ですか?）俺かい、82歳

（亡くなった時が82歳ですか？　天国で82歳でずっといるのでしょうか?）はい、そうですね〜〈ニコニコ〉

（教えて下さい?）はい、何でしょうか?

（奥さんはいるの？　名前は?）いますね。名前は、み、ど、り、って言います

（綺麗な人でしょう？）はーい、綺麗ですよ
（うすへいさん奥さんと現世も一緒だったの？）それが違うんだな〜〈ニコニコ〉
（うすへいさんも、いろいろあるのですか〜？）はい、そうですね〜〈ニコニコ〉
（うすへいさんの名前は、漢字はどう書くの？）臼兵です。かわばたうすへいです
（いい名前ですね〜）そうかい
（うすへいさん、教えて、霊界では洋服は何を着ていますか？）うんとな〜着物じゃあないんだけど肌着みたいな、薄い物を着ているな
（自分の好きな洋服も着られますか？）はい、そうです。時々は、仏壇に置くとそれも着てますよ
（うすへいさんは生まれ変わる予定はありますか？）ある！ 8年後、男の子と女の子の双子で生まれます。家内と生まれ変わります
（どこの家に生まれるか分かっていますか？）はい、分かりますよお〜。でも、それは言ってはいけないと言われたのですね
（そう、うすへいさんは生まれ変わってくるのね。私が名付け親になるのでしょうか？）

おかしいね〈大笑い〉

（私がご両親に、うすへいがいいから、うすへいにしなさいって、話すでしょう

〈笑〉）

よく分かるね

（だって私はスピリチュアルカウンセラーですよ〈笑〉）〝うすへい〟は今の時代には、

流行《はや》ってないからね〈ニコニコ〉上で決めるからね

（やっぱり、名前は霊界にいた時に決めてきますね）そうなんだよ。だから分かんね～

（霊界で名前が決まり、前世時の何かを印として持ってくるのね。凄い、確信できました。誰が霊界で名前を付けるの？）神様が付けてくれるね

（やはり、納得できます。霊界では神様が魂の親だから、神様が名付け親だということですね。そして現世に生まれてきた時は両親が付ける。子供の親だからね！　実は名前は決まっていて、それを選ばされたことになりますね！　うすへいさん、思っていた通りでした。ありがとう）そうだよ～

（うすへいさん、家にあった物が無くなることはありますか？　思い出の品物が消えることはありますか？　仕舞っておいた大切な指輪、時計など）あるね！

（どうして無くなるのでしょうか？）あれはねぇ〜、別れさせるために、品物を霊界の守護霊様が取りに来て、持っていっちゃうんです。やはり、品物には因縁が入るからね〜、長く使っていると物に心がこもるだろう！　だから上から取りに行くんだよ。別れさせるためにねえー

（物はやはり消えているのですね。霊界の守護霊様も別れさせるために、そのようにしているのですか？）そうだよ

（うすへいさん、私のように霊界の方と話ができる人は日本で何人いるのでしょうか？）

はい〜、33人です。少ないなァ

分かりました。うすへいさん、今回は相談者の家に長期滞在していると話しています。なぜ長期滞在なのでしょうか。相談者の両親は会社経営をしています。今が大変な時期なのでうすへいさんは霊界に帰らずに、一緒に会社経営をしていると伝わりました。

銀行に行った時は社員の守護霊様との闘いがあると伝わりました。相談者の家族を守るために長期滞在をしているそうです。うすへいさんが一生懸命働いていると分かりま

す。3月1日で役目が終わり、帰らなければいけないので、何でも聞いていいよと言ってくれます。うすへいさんから今まで曖昧だったことを聞けて確信になりました。

話はまだまだ続きます。

うすへいさんは、私と再会できたと言って泣いていました。「ここに居たのか、会いたかった、嬉しいよ〜、捜したんだよ〜」このように話して、涙を流して感動していました。前世で会津藩士に連れて行かれたあと、二度と会えなかったそうです。その後、殺されたのでしょう！　歴史を学ぶ中で、幕末期に入ると知ることを恐れるのは、このためだったのだと分かりました。

うすへいさんに、妻のみどりさんとの出会いも聞いています。みどりさんは武士の娘です。うすへいさんはお豆腐屋さんです。お豆腐を届けていた時に出会っています。

2人は恋人になりましたが、家柄の違いで一緒になれませんでした。デートの時は、蓮華の花を指輪にして、みどりさんに渡したと言っています。素敵だろう、と伝えています。そんなうすへいさんとみどりさんは、天国で結婚したのです。大変に貴重な時間を頂きました。

4

うすへいさんは守護霊様として相談者を応援しています。目に見えない霊界の方が、これほどまで純粋に、心から力になろうとしている思いに感激しました。

うすへいさんとの会話は1時間続きました。

（うすへいさん、現世の時に住んでいた家はどこですか？）新潟県だよ～

（そうでした、相談者も実家が新潟県なので、そこで前世時が繋がっていたのですね。その時もお豆腐屋さんですか？）そうだよぉ～。でも豆腐だけじゃ、食べていけないだろう！　だからさァー、ペニシリンを売って生計を立ててました〈ニコニコ〉

（えーェ、ペニシリン、その時代にあったの？　どこで仕入れていたの～？）えっとね、うらの、キョウシャで買ってました～

（そう、コレラ感染病を描いたテレビドラマで仁といってペニシリンを作っていたけど、

本当なんだ～）観てた、観てたよー
（えー、うすへいさん、ドラマ観ていたの～）観てたよ、懐かしかったョ～
（霊界の人達はおもしろいドラマがあると来ているの？）は～い、来てますよ～
（今日は何人の方が来てますかって霊界に聞くと、200人来てますって答えてくれるから、大勢の方がテレビを観ているってことですか？）そう、ですね。凄いだろう～
（6畳一間に200人ですか？）魂がね～〈笑〉
（うすへいさん、霊界はどこにあるの？）は～い、2メートル上で～す
（やはりね。近いんですね、だからいつも一緒なんですね～。次元が違うから見えないだけでしょうか？）は～い、そうです〈ニコニコ〉
（おもしろいね。私のブログに書いてもいいですか？）あぁいいよぉ～。
だけど、恥ずかしいな～
（うすへいさんのファン、一杯いますよ。うすへいさんって楽しいねって言われましたよ！）そうかい。上のみんなが言うんだよ、「うすへいはいいな」って。
「いつもうすへいばかり降りていけて！」って

（うすへいさんはみなさんに好かれているでしょう。今回は誰が降りていけって言ったのでしょうか？）神様だよ〜。「うすへい、行ってこい」って言われたんだよ
（そうですか。私も会えて嬉しいです。うすへいさん、赤ちゃんに親の名前を1文字貫って付けるのは、良いこと？　悪いことですか？）別に何もないよー
（うすへいさん、日本の神様は八百万《やおよろず》の神と伝えられていますが、本当ですか？）
本当だよ
（神様は、たくさんいて下さいますね。神様を見たことありますか？）神様は光です。
眩しいよ
（霊界の神様は光なり、ですね。うすへいさん、生まれ変わる理由を教えて？　人は亡くなって四十九日が過ぎると生まれ変わる人もいるのでしょうか？）
はい、いますよ〜
（1年以内に生まれ変わる人もいるのでしょうか？）はい、いますよ〜
（何百年経っても、生まれ変わってこない人もいますが、どうなっているのですか？）
俺、分からないよ、神様が決めるからね〜

分かりました。うすへいさんはたくさんのことを教えてくれました。話をしていると、全てが見えてきたり、または薄いから見えないと言ってきます。霊界の方は財布の中まで分かるようです。お金のことを聞きましたら、その家に見合った金額を与えられると伝わりました。驚きは、うすへいさんが生計のためにペニシリンを売っていたことです。うすへいさんが暮らした時は忙しい時代だったと伝えてきました。

5

花さんの家を心配していた、うすへいさんに「頼まれた」と言って、降りてきた霊様をキャッチできました。

（お名前は分かりますか?）わ、た、しです。……はつね
（いつの方でしょう?）２００年前
（うすへいさんがいた時代ですね！）はい
（何歳ですか?）二十歳
（二十歳で亡くなっていますか?　亡くなり方は?）食中毒
（なぜ、降りてきましたか?）うすへいさんに頼まれました
（え～、うすへいさんとの関係は何でしょうか?）妹です
（うすへいさんは何を伝えたいのでしょうか?）家に禍《わざわい》するものがあります
（それは何でしょうか?）アンシツテンキ
（何でしょうか?）霊界でも分かりません。皆が何だろうと言っています
（丸い感じがします）うゥ～、分かりません
（それが良くないのですね）とっても悪いと言っています

分かりました。うすへいさんが相談者・花さんの家を霊界から心配して、妹のはつね

さんを送ってきました。家に禍しているものがあるので、それを教えるようにと伝えてきました。「アンシツテンキ」という何か悪いものがあり、その品物に前世時の悪霊がいっぱい憑いているために、家が良くならないのだと伝えてきました。

はつねさんは、霊界でも皆が分からないと言っていて、アンシツテンキとは何だろうと心配しています。早く探して下さいと伝わりました。

和室にあると伝わったので探すことにしました。アンシツテンキは相談者・花さんの父が昔貰ったものですが、何のことだか忘れて分からないと言っています。家に禍するものが知らず知らずにあるとは、思いもかけないことでした。

6

前回うすへいさんが伝えてくれた「アンシツテンキ」は六文銭の柄が入ったストラッ

プでした。六文銭とは、死者が三途の川を渡るため、天道、人間道、修羅道、畜生道、餓鬼道、地獄道の六道に、一文ずつ置いていくことから伝えられた銭のことです。
そのアンシツテンキについて詳しく話ができる方をキャッチしました。

（あなたは誰ですか？　うすへいさんでか？）違います、かじやまゆきなりです
（初めて来てくれた方ですか？　何年前の人ですか？）３００年前
（いくつで亡くなりましたか？）38歳で亡くなりました
（若かったですね）そうですか？
（病気で亡くなったのですか？）はい
（今日はどうして来ましたか？）うすへいさんに少し時間を下さいとお願いしました
（どのようなことを伝えたいのでしょうか？）あのね、アンシツテンキは、本当にありがとうございました。ぅ～私が実は相談者の夫に渡すように仕向けてしまいました。その時は大変申し訳ありませんでした。うすへいさんに言って、その、ぅ～謝りたいと思いましたので、お願いしに降ろさせて頂きました

（あなたは誰の守護霊様ですか？）武田信玄の
（あれは武田信玄の家紋だったのですか？）あぁ～それ、それ
（あなたは相談者の夫になぜ渡すことにしたのですか？）夫の罪です
（夫の罪だからですか？　前世時に何千万円も奪った時の罪、今度はアンシッテンキのストラップを持つことで苦しんだということですか？）はい。でももう苦しんだから十分です
（因縁は終わりましたか？）はい
（因縁解消ですか？）はい
（今世で終わりましたか？）はい
（あとは、何かありますか？）ないです。あとは、うすへいさんにお願いして下さい。苦しめてすみませんでした
（いいんですよ、夫が犯した前世時の罪ですから、当然です。あなたの責任ではありません。あなたも誰かに頼まれたのでしょ？　ストラップを渡すように？）はい！
（前に友人から貰ったって言ってましたがその人ですか？）はい

〈その人を相談者の夫は前世時に苦しめたのですね〉はい
〈これで夫の因縁は終わったのですね。言いたいことはないですか?〉はい、ないです
〈ゆきなりさんは霊界で誰と暮らしているのでしょうか?〉私は下にいましたが、上に上げてもらいました。うすへいさんのお陰でね。私は人を殺《あや》めましたので! 戦でね、300年前です。〈涙ぐむ〉うすへいさんのお陰で、今は村のほうでお世話になっています
〈家族はいますか?〉は、はい、います
〈今は幸福に暮らしていますか?〉は、はい

分かりました。凄いことを伝えに来た霊様をキャッチしました。

アンシツテンキのストラップが夫に渡るように、今世の人と、霊界で関わった人達の仕組んだことだと分かりました。したことは仕返しをされますが、霊界の霊様達までが、カルマのために夫の解消を指導しているのでしょうか。カルマとは宗教における考え方の一つで、善または悪の業をつくると、因果の道理によって楽または苦の報いが生じる

というものです。あまりにも今回は複雑すぎて、訳が分からない状態です。要するに、夫の前世時の犯した罪による因縁関係を、霊様と生まれ変わっている被害者とで終わらせたことになります。信じられないのは霊界のゆきなりさんが、苦しめてすみませんでしたとお詫びに来ていることです。うすへいさんを見ていると、霊界でも人に悪さをした霊様に対して説教をしているようです。うすへいさんは、

「だから、すまない、すまないと言っても形で表さないといけないじゃあないんかい」

などと、霊様に説教をしています。霊界では、憑依することはやはり罪になることが、分かります。天国で村長をしているうすへいさんに叱られると伝わります。

うすへいさんを知ることで、霊界を知ることができ貴重な体験をさせて頂きました。

7

うすへいさんのいる霊界には、村長が30人いるとのことです。その1人が江戸時代に剣道師範だった、まさたね村長です。厳しい村長だと伝えています。

うすへいさんに、霊界の天国村に上がった魂はどのような様子なのか伺いました。

(うすへいさんの村には1万人くらいいるのでしょうか?) ちょっと多すぎかなと思っている～ね〈ニコニコ〉

(じゃあ、5000人くらいですか?) ウウ、1万人くらいいるよ～

(うすへい村の村長さんですね、別の村にも1万人くらいはいるのでしょうか?) はい、いる～よ

(別のところにも1万人くらいいるのでしょうか? そこは、まさたねさんの村なんでしょうか?) そうそう、そ、そ〈早口〉いるよ～。でもさ、村長と合わないと言って

さ、どうしてか俺のところが多くなるんだよ。わははは。いいよ、いいよって言ってたら、移住してきちゃてさ～どんどん増えちゃてさ～、面倒みきれなくなってさ～、楽しくってさ～いいよ～

（そこの村長は嫌だという人がいるわけね）そうそう。そ、そ。ヤパ、合わないのがいるわけさ～。だから可哀相だろぅ、～俺のところに来ればいいよ～って言ったらさ～、みんな来ちゃってね～、ちょと多くなりすぎちゃったよ。わはは

（では、私の母親はどこにいますか？）お名前は？

（ふみと言います）あぁ～、まさたねさんのところにいます。僕のほうじゃないね

（叔父のじろうさんは？）あぁ、知ってます、僕のところにいます

（伯父のたろうさんは何年か前に亡くなっています。伯母も最近亡くなりました。いますか？）あぁ～そうか、この間訪ねてきた。奥さんのはるこさんも一緒にいます。一緒にいますね～

（仲の良い夫婦だったからね。では、叔母夫婦は天国に上がれましたか？）はい、はい、来ました。わりと最近ね～。最近です

（私が暗い場所にいたので霊界の天国に上げました）あぁそうか〜、道理で、まだね、訳は話さないから、言いたくないのかなと思ってさ〜聞いてないんだよ〜。可哀相だから、その時が来たら話して下さいと言ってあるんだよ〜

（うすへいさんのところに言って事情を話すんですか？）でもさ、人っていろいろあるだろう。だからさ〜、根掘り葉掘り聞いたら、可哀相だろう。その人が言えるまで、待ちます

（そうですか。うすへいさんのところに行って、生きてきた時の事情を話すのですね）そうです。いろいろな事情の人がいますからね

（辛いことを経験して生きていますから、みなさん、人生は辛いですからね）その時は分かち合い、一緒に涙を流し、これから共に一緒に歩むことを話し合いますよ。はい

（そうですか。みなさん心穏やかになって何十年、何百年もいられるのですか）はい、安心します

（天国が私達の中心の場所ですか）そう、本当はね

（本当はそこにいて、そして現世に生まれてきて、修行として辛い経験をして、また、

天国に上がっていくのですか。それが道なんですね）本来は天国が中心でね。そうそう
（魂の中心でそこから移動しているわけですね、私達は）不思議だろう！
（不思議だけれど天国が中心だと分かっていたので、思っていた通りだと実感しています。そして守護霊様がいてくれたり、亡くなった人がいたり、現世の私達がいたりしているのですね。このことを言い続けていいのですか？）いいよ～お願いします。
どうかお願いします。あなたでなければできないこと、よろしくお願い申し上げます
（みなさんのお手伝いをして霊界のことをお話しするのですね）信じがたいけどね～
（そうですね。分かりました）

うすへいさんからは、私の身内のことや、亡くなった方が霊界でどのようにしているのかを伝えてもらいました。信じがたいことや不思議なことを伝えてきました。叔母は40代で亡くなっています。同い年の叔父が70代で亡くなりました。2人が暗い場所に落ちていたとはショックでしたが、長い生まれ変わりの中で魂しか分からないことがある

のでしょう、夫婦は円満でした。いつも2人一緒にいたことを思い出します。何故夫婦は暗い場所にいたのでしょうか。子供に恵まれなかったことや、働いても貧しい生活だったのか、前世時に訳があることが、今になって分かります。うすへいさんから伝わる言葉は一言一句聞き逃すことのできない霊界からの格言です。うすへいさんが降りてくると、場は穏やかな雰囲気になります。優しさが伝わります。亡くなった方を、やはり癒やしてあげている村長です。うすへいさんが、霊界から伝える話を1人でも多くの方に伝えて下さいと話しています。

（大勢の相談者から、うすへいさんの話はおもしろいって評判が良いですよ）そうかい、私のことを書いていいよ〈ニコニコ〉

（うすへいさん、ブログを読んで下さる方にメッセージを送って下さい。みなさん喜びますよ?）いいんですか、私でいいんですか?〈ニコニコ〉運、命、はなんて言ったら驚いちゃうだろ〜なぁ〜〈ニコニコ〉

（大丈夫ですよ〜、何を言っているんですか? うすへいさんだからいいんですよ〈笑〉）

全国のみなさん、ええー、芸能人みたいですね。私はスターですか？

（そうですよ、うすへいさんは芸能人みたいに人気者ですよ）みなさん、うすへいです。

全国のみなさん、うすへいです。メッセージを伝えたいと思います。運命は決められていますが、何か起きることは必ず必要として起きていることです。だからそれを、受け止める心が大切だと思います。いろいろなことがあると思います。悲しいこと、嬉しいこと、辛いことがありますが、私達は上でみな様を守るお仕事をしています。どんな時でも見守っているので、優しい気持ちでいて下さい。これでご挨拶にかえさせて頂きます。82歳、うすへいでした。これでどうかね～ぇ。いいこと言うね。うまくまとまりましたかね～

（うすへいさん、最高ですよ～。素晴らしい）


うすへいさんは相談者・花さんの身体を借りて降りてきます。身振り手振りで情感豊かに話します。人情家で、説得する時は泣きながら話しています。うすへいさんがこの世の人でないとは思えなくなります。うすへいさんは天国村の村長です。あの世の人ですが、私は霊界からのメッセージを受け止めました。

守護霊様のお仕事は、私達を一生懸命に守っていることだと伝わりました。うすへいさんは、霊界にさっきまでいたのにいなくなっている霊様のことを、下に降りて仕事しに行っていると表現しています。そんな時は私達のそばに来て守っているのでしょうか。守護霊様に毎日感謝の気持ちを伝えると、喜んで下さいます。

うすへいさんのように、何でも聞いてやるよ、ってなりますから、感謝の気持ちでいましょう。うすへいさんは純粋で素朴な方です。前世時、私の兄だったことがあるのは嬉しいことです。現世でも兄に甘えていることになりました。

8

先日の続きです。うすへいさんに私のことを聞いてみました。

（うすへいさん、ブログのことを教えて下さい。いつまで書けばいいですか）平成29年

（この年まで書くのですね。その頃はどうなっていますか？）有名になっちゃうな〜。

大勢の人に知られて、自分でも驚くほど広まっているね。全国に広まっている。俺も

会えなくなっちゃうな〜〈ニコニコ〉

（うすへいさん、何を言っているのですか。だめですよ、いてくれないと。私の後ろに

付いてくれることができますか？）できますよ

（えー、私の守護霊になってくれますか？）はい、仕事が増えちゃうね〜〈ニコニコ〉

いいのかね、自分だけしゃべってさ〜。みんながヤキモチ焼くなぁ〜。この間も、長

期滞在してずるい、とみんなに言われましたからネ

（うすへいさんと私のお役目ですよ。いつから付いてくれますか？）今からでも、

いいですよ

（本当に？　うすへいさん、仲良くしましょう〈笑〉）ええ〈ニコニコ〉みどりに怒ら

れちゃうな〜

〈何言ってんの〜。うすへいさん、夜は帰って下さい〈笑〉。でも食事は一緒にしましょう。何が好きですか？〉〈周りの人：うすへいさんはお酒が好きなのよね〜〉はい、お酒。冷や酒

〈2級酒でいいですか？〈笑〉〉はい、何でもいいですよ〈ニコニコ〉

〈うすへいさん、このような霊的なことを私にさせているのは、誰ですか？〉神様です

〈私は亡くなるとどうなりますか？〉神様に捧げる魂です。スゴイよ、また、生まれ変わります

〈私の霊的な力は生まれた時から決まっていましたか？〉はい、神様が決めてました。とても忙しくなっちゃうね

〈いいですよ、人助けがお仕事ですから。うすへいさん、私の守護霊様になって下さいね〉はい、いいですよ

うすへいさんはこのあと驚くことをしました。

私の背後に居て下さる3体の守護霊様に向かって、小さな声で話し掛けています。

私はうすへいです。どうも、どうも、私はうすへいです。はい、お仲間に入れてもらいます。はい、お仲間に入りました

（ええー、うすへいさん私の中に入ったのですか）はい、入りましたよ、一緒ですね

なんてことでしょうか。信じられない、言葉で表すことは無理です。このようにして、うすへいさんは私の守護神様になってくれました。後日、霊界から、まさたねさんが来て下さった時に、うすへいさんは私の後ろにいるかと確認してみたところ、いますと伝えてきました。凄いです。私の守護神様はうすへいさんを入れて4体になったことになります。また、貴重な体験をしました。

9

うすへいさんとの会話はとにかく楽しいものです。

話し方は江戸っ子風で、べらんめえ言葉です。

今回も相談者・花さんの家で、花さんの身体を通していろいろな話をしました。

（来てくれましたか？）今日も来客がいるんだけどね、呼ばれるのが分かっていたので午後からお休みしました。午前中だけ仕事をしてきました。なんだか今日は大勢来てますね
（誰が来てますか？）何人もいますよ。お父さん、あぁ〜、何か渡したがっている。

何ですか？〈天井に話し掛けています〉白いまんじゅうだそうです。食べなって。

よし子、食べて、食べて〜

（食べるのですか？）飲んでもいいよ、元気の出る薬だそうです。もう大丈夫だよ。

家は少しずつだけどね、良くなっているからね
（これから良くなりますか？）心配ないよ、少しずつだけどね
（それなら安心します。うすへいさんはいろいろ教えてくれるのでみんなさん羨ましがっていますよ。ここまで教えてくれる守護霊様はいないので助かります）そうかい、照れちゃなぁ。おそれいります〈ニコニコ〉
（ここの家には先祖様が何人も来ていますか？）はい、先祖が8人住んでいます。お盆にはピアノの下に布団を持ってきて泊まっているお祖父さんもいますよ
（そうですか？　リビングに寝る人がいますが、意味はありますか？）ありますよ。主はリビングに寝るね～。だからさ、風邪引かないだろう。やっぱ家を守る人、家の中心はリビングだろう。だからさ、大黒柱が寝ます
（うすへいさんの1日を教えて下さい？）朝は朝礼ですから、みんなで、ラジオ体操をします。でも凄いんだよ、普通はテープとか掛けるだろ、違うんだよ、こっちは生演奏です
（誰が生演奏するのですか？）いっぱい居るだろ、霊界に居るだろ。

今日はこの人、明日はあの人……と。やりたい人がいるだろ、みんなやりたがるんだよね～
（あのラジオ体操ですか？　1、2、3の、あれ？）そうそう、そう。掛け声は俺が言うんだよ～、腕を伸ばして～。足を曲げて～、楽しいよ。ワハハ
（うすへいさんの仕事は相談役でしょう。みなさんが家に来るの？）そうそう。家に来るんです～
（みなさん困りましたって言ってくるの）そうそう。悩み事が多いだろう～だからさ。でもね、悩み事は自分のことではないのです。自分が守護霊様だろう、守護霊としてどうしたらいいのかって相談に来るんだよね～。でね、春は悩み事が多いんだよね。春はいろいろ相談事が増えるだろ～、忙しくってね。ワハハ
（春は新規にいろいろ変わるからですか）そうそう。4月から変わるだろ～
（守護霊様達はこちらの世界の人達にどうしてやったらいいのか悩みを持ってくるのですね）そうそう
（一生懸命役割をするのだけど伝わらないでしょうか？）伝わらないね、そうそう

（私達は、案外言うことを聞かないわけね！　自分勝手にやっているのね）そうそう、伝わらないんだよね。だから、分からせるために頭をコツンと叩いているんだよね〜

（分からせるために、やっているのね）そうそう。そうすると、運が悪いとか言うんだけどね、違うんだよね〜

（本当は分からせるためにやっているのね）そうで〜す

分かりました。うすへいさんとはこのような話をしています。分かることは伝えてくれて、霊界のことを教えてもらっています。全てが驚く話です。天国の生活が分かるとは……不思議な体験ですが、うすへいさんは、みなさんに教えて下さいと伝えてきます。

10

うすへいさんとの会話で不思議なことが沢山ありました。天国の仕組みについてです。うすへいさんは、誰かが上から何かを寄こしていると言って、右手を挙げて受け取っています。相談者よし子さんの亡くなったお父さんが来ていて、白いおまんじゅうを渡されたと言っています。霊視をしていると、大勢の霊様が、見えないが来ているそうです。元気が出るおまんじゅうだよと、父親から渡された時は驚きました。相談者は、取引先からボーナスが出たと話しています。その後、うすへいさんと話した時に、取引先からお礼金が出たと話したら、白いおまんじゅうを食べたろう、お金は元気が出る薬だよ。元気が出ただろうと話してくれました。霊界の人達もいろいろと手を尽くしてくれていることが分かります。父親は現世では布団屋さんでした。うすへいさんは、お父さんは今も天国で布団屋さんをしていると話しています。お盆の時は自分で作った布団を持ってきて、グランドピアノの下に敷いて寝ているそうです。ピアノの下だと踏まれないからいいのでしょうか？　白いおまんじゅうを渡してくれたのはこの父親です。心配していつも見守っていると伝えてきました。日本の風習で、迎え盆・送り盆がありますが、先祖様がお盆に来て帰っていったのだと、改めて分かりました。先祖様の可愛らしい行動、邪魔にならないようにピアノの下で寝ているなんて、見えるものなら見たい気がします。驚いたことにうすへいさんの仕事は守護霊様の相談を受けることでした。霊界を信じない人が多くいるので分からせたいため、守っていることを教えたいと話していました。子孫が無視しているので、どうしたら分かってもらえるかと悩んでいると伝わりました。そのために信じない子孫の頭をコツンと叩いていると話しています。

霊界の仕組みが、このように素晴らしいとは……感無量です。うすへいさんと出会えたことは、私にとっても素晴らしい体験になり、うすへいさんは、運命は変わっていないから頑張れと挫けそうになる私を叱咤激励してくれて、うすへいさんに引っ張られてブログを書いています。

うすへいさん、先祖様、みな様、ありがとうございます。感謝の気持ちで一杯です。

メッセージを全国のみな様に伝えたと話したところ、大変に喜んでいました。

また伝えてほしいとメッセージを送ってきました。


ブログ書いてくれてありがとうね～

（全国の方が見て下さいます。うすへいさん、またメッセージ伝えますか？）いいですか？　全国のみなさん、うすへいでございます。春の睦まじき桜咲くいい季節になりました。みな様、お花見など行かれておりますか？　天国ではお花見がありました。

有名なシェフが腕を振るって和食、洋食、中華といろいろなものを食べました。

そしてハンカチ落とし、そしていろいろなゲームをしてその時を楽しみました。

そのために会議もありました。このように天国はとても楽しいところであります。

ワハハ。いいところなので、いつかきっとみなさんも来ることになりますが、その時は、みなさん、うすへいを指名して、うすへいの村に来て下さい。募集はいつでもしています。受け入れます。

今、1万人いらっしゃいますけど、2万になってもいいと思っています。

そして、私の将来の夢は、天国の大統領になることです
（あぁ、そう。天国にも大統領がいるの？）今はいないけど、そのうちにきっとできると思って。そしたら選挙をして、なりたいんだよ
（トップですよ。村には1万人いて、他の村長の人達のトップになるのでしょうか。凄いですね。うすへいさん、夢があるのですね）わたくしには夢があります。82歳、うすへいでした
（ワハハ。ありがとうございました）是非よろしくお願いします〈ニコニコ〉
（はい、分かりました。ブログに書いていいんですか、こんな楽しいこと）そしたら、みんな見るだろう。いつかさ、上に上がった時、うすへいさんのとこに行くべいかと思うだろ～〈ニコニコ〉
（分かりました）宣伝となりました。すいませんでした。82歳、うすへいでした。
みな様、良い春をお迎え下さい。これでいいかね～
（いいですよ。うすへいさんの天国には、悪いことをした人や自殺した人は行けないと伝えておきます）そうそう、伝えて下さい。また人気者になっちゃうな

（これでいいですか？）ちょっと待って下さい。神様にお礼をいたします。
神様ありがとうございました。ここ、いいね。今度ここに来るよ
（ここにまた来て下さい）じゃあね、またね～

82歳の天国にいるうすへいさんが伝えてきた言葉を書きました。やはり時代を感じます。「春の睦まじき桜咲く良い季節」などの言葉は今の人は使わないでしょう。

また、日本で亡くなっているのに大統領になりたいと話すうすへいさんがおかしくって、楽しくて、まだまだ話を聞いていたい霊様です。うすへいさんは江戸時代に亡くなった方、話をしている私も不思議でなりません。天国村の住民は幸福に暮らしていると分かります。うすへいさんは生まれ変わってくることを忘れているのでしょうか？

別の相談者の守護霊様のいとさんも、天国は食事が振る舞われると伝えてきていました。天国村の住民はお花見をしているのでしょうか？

11

うすへいさんと久しぶりに話ができました。亡くなった方は霊界に上がるとどのようなことをするのか伺いました。その時の話をお伝えします。

（うすへいさん、こんにちは）やっとこさ、来られました。どうも、どうも、しばらくでした。久しぶり～

（忙しいでしょう。うすへいさんは上で何をしているのですか？）相談事です。

今ね、凄いんだよね～

（多いのでしょうか？）多いんだよね～、春だからね～

（うすへいさんから全国のみなさんにお話しすることがありますか？）来ましたか。

どうしようかね。どんな話をすればいいのかね～、喜ぶかね～

（この間はうすへいさんの１日の話をしました。今日は、亡くなった人はどのようになるのか教えて下さい）はい、分かりました。まずは、とある場所に1人ずつ来まして、村長より1つ上の位の者が顔合わせをしますね。私は最近そこにも行っておりますね。どんなことがあったか、どんな人生を送ってきたか、お話を聞きまして、それから、どこに住むか、村の説明をしますね。その時に村長に会わせますね。うちの村はこういうところ、うちの村はこうです〜って。すでにさ、家族のいる人が多いだろう。あなたの家族はここにいますと伝えて、再会をしてそこに住むのがほとんどです。前の家族と一緒に住むことになりますね。家族との縁のない人もいますから、その同じ家族のそばに行かない人もいますが、たいていは家族といますよ

（こちらの世界で仲が悪かった家族でも上に行くと仲良くなるの？）だいたい難しいね

（家を別にして暮らしていることもあるわけね）そうそう。下の世界で一緒になれなかった2人が上で一緒になれるケースもあるからね〜

（分かりました。うすへいさん、全国のみな様に何かメッセージありますか？）

全国の1億2000万人の、合ってますか？

（はい、合ってます）みな様、うすへいでございます、こんにちは。

バラが咲く、またいい季節がやって参ります。沖縄のほうでは梅雨前線が参りました。関東方面でも梅雨になりますから、心はいつも晴れますように、みなさんの幸福をお祈りしております

（これを書いていいですか？　今日はこれを書きます）はい、書いて下さい。すみませんね～。どうもありがとうございます。また呼んで下さい。ここいいね。好きだね～（また呼びますよ。うすへいさん、ありがとうございます）

うすへいさんの言葉は全てが私達に伝えてくれる優しさです。ひしひしと伝わります。こんなに綺麗な言葉を話す人は現世では知りません。霊界に上がった魂はうすへいさん達の場所に行き、生きていた時の行いを話すと伝えてきました。天国はそんな場所だと分かります。

12

うすへいさんとは、１ヶ月に２回ほど話をしています。２週間に一度は呼んでくれと伝えてきます。


(うすへいさん、こんにちは)どうも、梅雨に入りましたね～

(天国では雨宿りの会はありましたか?)やりましたよ～

(では、やはり、いとさんが賞を取りましたか?)そうなんだよね～、いとさんが良いとみんな揃って言って、直ぐに決まったんだよね～

(先日、いとさんが来て、俳句で金賞を取ったと伝えてきました)ああ、そうかい。喜んでいたかい～

(それはそれは大喜びですよ。手を叩いて喜んでいました)そうかい、そうかい
(うすへいさん、次のイベントは何がありますか?)7月、8月は、星を見る会と、

バーベキューがありますね～
（そうですか）誰か来ている。誰ですか？　あぁ、いとさんだァ～
（いとさんが来たのでしょうか？）いとさんだろう？　そうだって
（いとさん、用ですか？）替わりたいって言っています。替わりますか？
（替わって下さい）ちょっと待って
（いとさんですか？）はい、いとです
（いとさん、ようこさんの守護霊様で活躍していますね）はい
（ありがとうございます。ようこさんに伝えることはありますか？）はい。どうしようかな、どうしようかな、言っていいのかな？
（どうぞ話して下さい）私ね、実はね、うすへいさんが好きなの。どうしよう。
うわぁ～、うふふ～〈ニコニコ〉
（ああ、そうだったの。だから、うすへいさんの話をすると、あんなにはしゃいでいたのですか？）はい〈ニコニコ〉
（霊界でも恋愛はあるんですか？）はい。片思いなの

（うすへいさんは結婚していますよ）そうなの、だから憧れなの〈ニコニコ〉
（うすへいさんに伝えますか？）会いづらくなるから恥ずかしい！
（いとさん、うすへいさんは良い男だもの。私だって現世にいたら惚れちゃいますよ。
優しいし、思いやりは深いし、情はあるし、頭は良いし、指導力、判断力はあるし。
ユーモアたっぷりで人の心を引き付けて！　あんなに良い男性はいないでしょう。
さすが天国村の村長ですよ）そうなの。ただ、頭の毛がないだけ。ワハハ

なんと、驚きました。いとさんが愛の告白をしてくれました。天国村のうすへいさんに憧れていると告白してくれました。いとさんは82歳で亡くなっていますが、私の前に来た時は、なんと10代の女の子のようになっていました。手を頬に当て、笑みを浮かべていました。可愛いらしいお婆ちゃんのいとさんがいました。いとさんは孫のようこさんに、うすへいさんが好きだと伝えて欲しいと言っています。道理でいとさんが俳句を頑張るのかこれで分かりました。予想をしなかった告白に、霊界のまた不思議な出来事と、素晴らしさを感じました。

13

うすへいさんと5月に話をした時の会話です。バラの季節はどのようにしているのか伺いました。

全国のみなさん、うすへいでございます。どうしようかね、今日は。ウゥー（何がいいですか？　雨宿りの会の話でもいいです）雨宿りの会の話。たいした話じゃないよ〜。俳句も金賞、銀賞、銅賞があってさ〜、嬉しいだろう〜。お茶はどこのがいいか、静岡かね〜、お菓子は何を出すかとかね〜とか。たいした話じゃないよ〜

（お茶は取り寄せるんですか？）上に知り合いがいるからね、貰ってくるんだよ

（天国ではどのように決めているのですか？）お菓子はパティシエがいるからね〜。審査は5人の村長がやるしね〜

（バラを見る会はどうですか？）バラを見る会は、みんなで集まってバラを見るだけな

んですね～
（どこに見に行くのですか？　バラ園がありますか？）そこらへんに一杯咲いているのを見るだけなんだよね～、たいしたことないですよ。たいしたことないね～。それを何か幸福に感じるんですよ
（ああ、そうですか？）どこそこの家のバラは立派だね～。そういうところを歩いて、みんなで見るんですよ
（みなさん、花は好きなんですね）年寄りは特に好きだね～
（天国だからバラを育てるのに失敗はしないでしょう）しますよ～
（失敗するのですか。1年中花は咲いていますか？）バラの次は紫陽花、ひまわりは、まだ早いかね～
（1年中花は咲くのですね。天国では何が一番大切ですか？）家族ですねぇ～。人との繋がり、一番大事ですね
（現世は宗教がありますが霊界にもありますか？）天国ではないね～
（自然に宗教のことを忘れるのですか？）それはないみたいだね

（偉い人はいますか？）だからね～、村長かね～。崇拝する感じではないからね～。その上の神様かね～

（やはり、みなさん平等なのですね）平等ですよ

（では、子供が亡くなると天国で成長しますか？）しますよ

（大人になり、老人になりますか）なりますよ～

（30歳で亡くなった方は、ずっと30歳でしょう。なぜですか？　不思議ですね）考えたことがなかった。小さな子供は成長しますね。それが普通だと思っていた

（子供達は子供同士で遊んでいますか？）遊んでいますね～

（保育士さんのような方はいますか？）うーん、いないな～。そういう名前では言わないな～

（何と言ってますか？）みんな、「おばー、おばー」と呼んでいる。

分かりました。うすへいさんに天国の疑問点を聞いたところ、分からないことがあると、「知らないな～、分からない」と伝えてきます。でも、何でも聞いてくれと言って

くれます。霊界のことが分かり始めました。

14

また、うすへいさんに来て頂きました。その時の会話を伝えます。うすへいさんは上を見ては誰かいると伝えて、身体を向けて交信しています。その時の様子です。


誰か来ている。誰？

（霊界のみんなが来たがるんですか？）そうなんだよね、みんな話をしたいだろう～、だからさ、直ぐに付いてきちゃんだよね～

（先祖様は子孫の方と話したいのでしょうか？）そうなんだよね～。でもさ、見えない

し、聞こえないしねえ～
（下の方は無視していますか？）伝えたいことがあるんだけどね。下の人は聞いてくれないんだよね。あぁ、いとさんだ。ねえ、いとさんだろう？　いとさんだって！
（いとさんが来ているんですか？）いとさん、良かったよね。雨宿りの会の時は金賞取れてね～。光稲《みついね》の肩を揉みたいって、先日お世話になったお礼だそうです。左肩を揉んでいるよ
（ありがとう、いとさん。疲れているから、楽になりますね。うすへいさん、霊界のことを教えて下さい。霊界の方は音で教えますか？）そうそう
（ビー玉の落ちるような音は誰か来ているってことなのでしょうか？）そうだよぉ～。良いたとえ方をするね〈笑〉
（木が割れるような音も同じですか？）そうだよ
（玄関に誰か入ってきたような音もそうですか？）そうだよ。玄関からきちんと入りますから。だって、靴を脱いでくるからね～。だって礼儀だろう～
（へぇー、霊界の方は足があるの？）歩いてますよ、２本の足で歩いていますよぉ～。

ちゃんと靴を履いてますよ。だって運動会で走るんだもんね～
（そうですか。霊界の方は足がないのかと思ってました）あぁ、そうかい。みんな靴を履いて歩きますよ。今日はたくさんしゃべったね
（うすへいさんの話にしますか？）はぁ～〈ニコニコ〉いいかね
（7月、8月は何をするんですか？）7月、8月はさ、バーベキューをする。お楽しみ会だよ
（どこでやるの？）天川《あまかわ》という河があるんだよ。天の川って書いてさ、そこでバーベキューをするんだよ。天川はとても綺麗だよ。星が映るんだよ。星は上にあるんだけどさ、川に映るんだよ。それをみんなで眺めながら、綺麗だねってさ。蛍もいるからさぁ～、もう、一面が星空みたいな素敵な世界なんだよ。ロマンチックだろう
（凄いですね。さすが天国は違う。凄い）みんなのさぁ～、目の中も星になるだろう～、キラキラして綺麗だよ～
（うすへいさん、天国は素敵ですね、ありがとう、いい話）これがいい話ですか？
（そんな綺麗な場所は現世ではないでしょう！　素晴らしいね。これをブログに書いて

いいですか?）はい、いいですよ〜

15

いとさんがうすへいさんを追いかけてきていたようです。はじめはそばで見ていましたが、降りてきて良いと許可したとたんに現れました。前回は愛の告白になりました。うすへいさんに、どなたかに代わってもいいですよと伝えたならば、うすへいさんは天井に向かって、「みな様方、みな様方、ただ今なら身体を貸してくれるそうです。どなたかいましたら、うすへいのところに来て下さい」と叫びます。うすへいさんが天国村の霊様を、このようにして呼び掛けていると分かりました。うすへいさんは、

「集まりすぎて35人来ちゃった、来すぎなのでどうしますか?」

と言っていました。うすへいさんにとっては日常的な出来事ですが、私達が霊界の日

常を知ることは、うすへいさんを通じて初めてのことです。天国は楽園だと伝わっていますが、ここまで充実した世界だとは誰も知らないことです。うすへいさんのメッセージを伝えます。梅雨に入り雨宿りの会も終わり金賞になったいとさんや、今後のイベントの話をしています。前回の続きになります。

みな様方、こんにちは、うすへいでございます。今日もわたくしがみな様に一言お伝えしたいと思います。先日、雨宿り会がありましてね～、そこでいとさんという素敵な女性が金賞を取りました。金賞を取れなかった人達も心を落ち着かせて、みんなでお茶を飲み、お菓子を食べ、素敵なひとときを過ごしましたよ～。そして、ええと、7月、8月になりますと、みんなでバーベキューの会がございまして、どこでやるのかと言いますと、天川という川でしますよ。カップルで来るもよし、家族で来るもよし、会費は1000円になっていますよ～。みんなで美味しいものを食べ、川辺に座って空にある星を眺めて、良い話をして、そして、最後はですね、みんなで川辺に座って、空に浮かぶ星が川に映るので、それをゆったりと見てみんなで過ごすのです。

それがなにより素敵な時間なんですよ。生活している中で聞こえない音や見えない色、そういったものを、みんなで静かにそこに座って同じものを眺めることで、私達は楽しんでいますよ〜。生活している中で、そういった時間はみなさんにはないと思いますけど、天国ではそういった時間を大事にしますよ

（天国にはお金があるのですか？）あるんだよねぇー

（あぁ、そう。天国は働いてお金を稼ぐのですか？）働くとはちょっと違うんだよね。そこの家に必要な分だけある、っていうかね〜。使う物が引き出しに入っている。働くのとはちょっと違うね

（それを会費のように渡すのですか？）そうそう。一応、形として、あるんだよねぇー。ただで物は食べられませんからね〜、はい

（そういった形のお金なんですね）そうそう、そういったお金の使い方なんだよね

（では、家を建てる時は何千万円もかかるでしょう）本当はね〜

（霊界ではお礼のお金をあげるだけでいいのでしょうか？）そうそう、まあ何て言うか、気持ちのお金だよね〜。ここみたいに何十年ローンというのとは違うね。なので、

みな様も、もしできれば生活の中で耳を澄ます時間、そして心をそこで癒やして頂けたらと思っておりますねぇ～

（うすへいさん、ありがとうございました）はい。どういたしまして。楽しかったよ～、幸せだったよぉ～。そして、花のことをお願いいたしますね～。

ありがとうね～、またね～。

みな様の全てがうまくいきますように

うすへいさんは、霊界にはお金が存在すると教えてくれました。どこの家庭にも必要なお金が引き出しに入っているのだそうです。心を形にするために渡していると伝わりました。霊界で家を建てる時は魔法のように突然にできるのかと思ったら、大工がいて、基礎から造り、地鎮祭もするそうです。そして立派な屋敷に天国の住民は住んでいて、お礼のお金は気持ちの謝礼金でよいのだと言っています。天川の川に映る星を眺めて、心を落ち着かせて、ひとときを楽しむのだと伝えています。話を聞いていても、美しい風景が目に浮かびました。

16

うすへいさんは、天国の方はみんな降りてきたいよ、伝えたいよ、と言っています。それならばと、機会があった時に来て頂くことにしました。

うすへいさんの、「みな様方、みな様方、ただ今なら、身体を貸して頂けますから、どなたかいましたらどうぞ」の声掛けで、なんと35人が来たと伝わりました。

はじめは、いとさんの愛の告白でした。霊界の方は、話し方、態度、表現、魂はそれぞれ違います。大変に興味深い話をして下さいます。遥かに想像を超える世界だと、分かります。その時の会話をもう少し伝えます。

（次の方お願いします。誰ですか？　どなたが来てくれましたか？）どうも、どうも、くまいどまもるです。くまいどと申します。うすへいさんにはとてもお世話になっています。53歳で下の世界から離れ、ただ今天国で、うすへいさんにお世話になっている者です。このたびはこちらに来させて頂くことができまして恐縮しております。
えェーっとですね、初めてなんですね、こちらに来たのは。どうしたらよいか自分でも分からない
（くまいどさんの子孫はどこにいるの？）はい〜、群馬県にいます
（うすへいさんの孫である相談者・花さんの家の近くにいるの？）はい〜
（知り合いですか？）はい〜、そうですね
（そうですか）お礼を言いたい
（誰にですか？）花さんに
（何のお礼ですか？）僕の大切な、あ、い、き、う、え〜、僕の大切な、あ、い、き、ずう〜
（そういうものね）それを大事にしてくれて、ありがとう！　あぃ〜き〜くー、ああ、ちょっと出てこない
（それが大事なものですか？　花さんが持っているもの？　あなたのものですか？　どこで貰いましたか？）半年前に赤城のさんき、あ〜、あかぎだね〜、ウー、う〜、今

行ってみたいなぁ～。それは私の気持ちです。言葉にならず申し訳ありません（いいえ、いいんですよ。あなたみたいな方も、いるんですね）はい、うすへい村に、います。お世話になっています。くまいどまもると言います
（子孫の方にお伝えすることはありますか？）別にないです
（子孫の方が私のところに来る予定ですか？）はい、そうですね
（分かりました。覚えておきます。では他の方と替わって下さい）一杯いるようです
（どうしますか？）ちょっと私では分からないので、うすへいさんに替わります
（うすへいさん、替わって下さい）はい～、うすへいです。どうしよう～増えちゃった。あと35人いるんだよ～。そんなには降ろせないから、あとであみだくじにして選んでおきますね〈ニコニコ〉
（霊界の方は降りてきたいですか？）降りてきたいよ、伝えたいよ。会いたいよ
分かりました。子孫に会いたいと思っている魂はみんな「会いたいよ～」と言っています。今回降りてきた霊様はくまいどさんです。男らしい低い声で話していました。

花さんにお世話になっているのでお礼を言いたいと伝えています。くまいどさんは、半年前に赤城山に行って何かを貰ってきたと言っています。霊界の方も山に行くことが分かりました。忘れてしまうこともあるのでしょうか、言葉ははっきり出ませんでしたから意味が分からない言葉もあります。霊界の方の特徴として、言葉がなかなか出てこないようで、忘れてしまうこともあるのでしょう。

くまいどさんは、花さんと前世で知り合いだと分かりました。霊界の方は律儀ですから、お世話になると必ず恩返しをします。私達が思いがけないものを手に入れることがある時は、霊界から届くお礼です。

17

30代で小さな子供2人を残して病気で亡くなった従姉妹のめぐみさんがどこに居るの

か、うすへいさんに伺いました。
(うすへいさん、めぐみさんが亡くなって10年近くになりますが、天国の住民になりましたか?)ああ、いますね。あの人かな~、色が白い人。先日、梅を取りに行った時に会いまして、その時に話をした人かな~。ああ、そうですね~、子供といましたよ
(子供がいるのですか?)いますよ。男の子が一緒にいるな~、そばに旦那もいるね~
(天国で結婚しているのですか?)してますよ
(天国に行き、幸せに暮らしていますか?)幸せですよ
(若くして亡くなることは運命ですか?)はい。神様に選ばれたんだよ~
(残された夫は今も心の傷が癒えていませんよ)そうだよね、残された人は気の毒だよねぇ~
(うすへいさん、残された夫も再婚ができるようにしてもらえませんか?)そうしてやろうかね~、可哀相だからね~

うすへいさんに天国の住民のことを聞いてみますと、天国に上がった魂は、恋愛をして天国の住民と結婚していました。まさか、恋愛をして結婚をしているとは。天国では結婚をして家族で暮らしていると伝わりました。うすへいさんは、色の白いあの人か、と伝えています。私は色白だとは話していません。亡くなっためぐみさんは雪国生まれの美人で、透けるような肌の綺麗な人でした。うすへいさんは、私の話すことは分かるようです。そして、上を見ては思い出すようにして、「ああ、そうか」と霊界から伝えてくる何かをキャッチしては話しています。別の相談者から聞いた話ですが、1年前に亡くなった夫が枕元（夢枕）に出てきた時、なんだかそばに2人いる気配を感じたそうです。夫は妻に、この人と天国で結婚したいがいいだろうかと許しを得るために出てきたと話しています。妻は「あなたが幸福になるならいいじゃない。どうぞ幸福になって下さい」と返事をしたそうです。こんな体験があるということは、やはり天国で結婚していることは間違いなくあり得ると確信しました。従姉妹は短い命でしたが天国で幸福に暮らしていると伝わりました。

18

息子のことで相談したいという方がいらっしゃった時のことです。
医者になるために勉強しているが試験に合格するのか？
頬が時々刺すように痛くなるはなぜか？
という相談でした。

（うすへいさん、相談者の両親は天国にいますか？）お名前は？
（お父さんはあきおさん、お母さんはよしみさんです？）あきおさん、私の村にいます
ね～。あ～、その娘さんかい。嬉しいね～。いますよ～。そうかい、娘さんかい～
（両親は一緒にいますか？）いますよ。２人で手を繋いでいましたよ～
（そうですか。霊界に上がったら前より仲がいいのですね）仲がいいですよ～。嬉しい
ね～、知り合いだったんだね～。娘さんかい～。お父さんにはお世話になっています

（相談者の息子さんは医師になるための勉強をしていますが、大丈夫ですか？）
よく勉強しているね。問題ないね。よく勉強しているから大丈夫だ。努力家だねぇ〜。白衣を着ている姿も見えるから、はいはい、大丈夫ですね〜。結婚もしますよ。子供も生まれますね〜
（そうですか、安心します。相談者の頬が痛いのはなぜですか？　霊的なものですか？ただの痛さですか？　旦那さんのお母さんは生きていますか？）誰かな〜、女性が頬をつねっている。そうですね。つねっているね〜。姑さんは亡くなったんだね〜
（頬をつねっているのは悪いことですか？）いや、気づかせたい
（何を気づかせたいのですか？）今、箪笥の中に何かを隠している。大事なものがある。それを移してほしいんだよ
（相談者の家ですか？）そうそう、大事な、ちょっと高価なもの
（買わされたものでしょうか？）バッグ。宝石。白い、うぅ〜真珠のような何かなあぁ
（あります。ある霊能者から騙されて買わされたものがあります。箪笥の中に真珠があります）白い、丸い、何かなあ〜、ああ、真珠ですか

（他にもありますか？　真珠だけ？）ああ、真珠ですね
（因縁が入っているのですね）そうだね。高価なものだからね～
（誰かにあげるのは良くないですか？）良くないね～
（買い取り業者に出すのはどうですか？）それが家にあるのが良くないから、つねっていますね～。箪笥の中だね～。真珠が良くないんだね～。できれば家から出して下さい。それを伝えていますね～
（今でも嫌がらせの電話が来ます。霊能者だと言って、多くのお金を騙し取られました。宝石も買わされました）許せないなぁ～。悪い霊能者だね～、人の弱みに付けこんで。うう～許せませんね～。電話に出てはいけませんよ～、すぐに切って下さい
（霊が見えると言って脅す霊能者には何か憑いていますか？）動物霊が見えますね～
※相談者は姑と疎遠になっているので現状は不明です。
分かりました。今回うすへいさんから伝わったことをお知らせいたします。相談者は
何年も前、悪徳霊能者に真珠を買わされました。あることすら嫌で見もしませんでした。

うすへいさんはそれを「隠してあるもの」と表現してきました。相談者は忘れてしまいたかったものを思い出しました。姑さんが頬をつねって知らせていたのです。霊界から何かを教えたい時は、軽い怪我をさせたりします。今回は頬の刺すような痛みでした。悪いことばかり起きると勘違いしますが、霊界からのメッセージだと分かりました。

うすへいさんは、因縁のあるものは人にあげてはいけないと伝えてきました。それならば、どのようにして厄を払うのかというと、相談者は真珠を下取り業者に売り、得たお金は寄付をしました。下取り業者も利益を得る。お客様は良い物を安く買える。相談者は寄付をして世の中に貢献できる。関わった人全員が徳を得たことになりました。

うすへいさんは、ただで物は食べられませんからと言っていましたが、お金が流れることで世の中に良い気が流れることになりました。悪徳霊能者が人を騙せば、2つ用意されている穴に落ちていくことになります。

ある日のこと、うすへいさんに地獄はあるのか聞きました。

(うすへいさん地獄はあるの?) 地獄っていうのはないね。暗い場所に落ちていくね~
(大勢いますか?) 訳が分からなくて落ちていってしまうね~
(暗い場所で何をしていますか?) 争っているね~
(やはり、生きていた時の感情が出ますか?) そうだよね~。うぅ、苦しいよ
(暗い場所に落ちた霊達は苦しがり、人に憑依しますか?) するね~
(でも、見ず知らずの人に憑依することはないでしょう) そうですよ~。だから前世で何かあったんだよね~
(繰り返されていることになりますね) そうなんだよね~

やはり、意味のないことは起きていないことが分かりました。悪徳霊能者もいつか生まれ変わり、因果は巡るために騙されることになります。平凡な人生を過ごすことが、如何に難しいことか分かります。今日は何も楽しいことはなかったと思うのか、今日は何も悪いことはなかったと思うのかで、違いが出てきます。でもそれは、前世時からの繋がりなので、私達の前世時を悟ることになり、今あるものを大切にして、ありのまま

でいいのではないでしょうか。うすへいさんは、心静かにお暮らし下さいと伝えてきます。

19

うすへいさんに、毎回2人なら霊界から降ろしていいです、とお伝えしたところ、1人の方が降りてきました。その時の様子です。

おっとっと……お久しぶり
(うすへいさん、しばらくですね。やはり、言われた通りに2週間ぶりに会えましたね)
そうだろ、予定してたんだよ~
(そうですか。お約束の霊界の方を降ろしますか？　今日は誰が来ますか？)

ああ、そうだよね。その紙どこにいったかな～えェーっと、紙がないんだよ。
あぅ～うう～分かった。じゃあ、その人降ろす。いいんですか？
（はいはい、いいですよ。お伝えしたい人がいるんですか？）なんだかみんな伝えたいんだよね～会いたいんだよね～
（なかなか会えないから。どうぞ）そうだよね～
（どなたですか？　あなたは誰ですか？　女性ですか？）男です
（男性ですか。私に関係がありますか？）こういうところですか、下の世界は
（そうですよ～。あなたがいたのはいつの時代ですか？）４００年前です
（今は平成26年ですよ）へぇー平成26年、分からないな～
（今は文明が発展していて、携帯電話があったりします。電化製品があります）ああ、そういうことか。あります。感動しますね。あわたのりへいと申します。あわたです
（４００年前の方、江戸時代の方ですか？　今は誰と暮らしていますか？）お父さん、お母さん、お兄さん
（４人で暮らしているのですね？　幸福に暮らしていますか？）はい

（霊界にも電化製品はありますか？）ある～
（欲しいと思うものはありますか？）選んだりできます
（電器屋さんはありますか？）そうですね
（では、どうやってご飯を炊くのですか？）炊飯器で炊いていますね。昔は釜で炊いていたのにね。今はボタン1つで炊けるんだねぇ～。今はそういう時代ですか？
（そういう時代ですよ。お名前をもう一度言って下さい）あわたのりへいと申します
（子孫はどこにいますか？）神奈川県にいます
（降りてきたのは、なぜですか？）降りたいから
（私と関係がありますか？）はい
（400年前も関係してましたか？）塾でお世話になりました
（私は何を教えていましたか？）読み書き
（私は子供の頃から将来は教師になりたいと思っていました）そうだね～お世話になりました
（前世時は、あわたさんと関係があったんですね、あわたさん）のりへいです

(下を見てどのように感じますか?) 綺麗。花が綺麗だ!

(霊界にも花は咲いているでしょう) 春は時々、桜が咲いたり、バラが咲いたりしますけど、菊は一年中咲いてますよ

(霊界の方は不思議と菊と繋がりがありますよね。香りはしますか?) 凄くいい匂い、黄色い菊が一番匂う

(だから仏様に菊をあげるのですね。霊界の方は黄色い菊が一番匂うって言いますね) そうですか。感動です

(感動ですか、あわたさん) はい

分かりました。ここが重要です。うすへいさんのあみだくじで当たって降りてきた霊様は、あわたのりへいさんです。400年前に私が塾の先生をしていた時に生徒だったと、あわたのりへいさんは伝えています。その時はお世話になりましたと、挨拶に見えました。霊界の方は律儀ですから、何百年経っても挨拶をしてきます。生まれ変わる時に記憶は消えますが、魂の記憶は残ります。子供の頃の教師になりたいと思っていた気

持ちは魂の記憶でしょうか。魂の記憶はこんな形で残るのでしょうか。あわたのりへいさんは霊界のこと教えてくれました。うすへいさんは、来たい人があみだくじを引いたと伝えています。そして、誰が来るのかは分からないと伝えています。あわたのりへいさんは周りを見渡しながら、感動ですと伝えてきました。静かなおとなしい感じの霊様です。

（あわたさん、会いたい方はいますか?）妻に会いたいです
（どこにいますか?　生まれ変わっていますか?）神奈川県。離れた
（奥さんのところに行かないのでしょうか?）だって、妻は他の人が好きだからさ～
（霊界に奥さんが上がってくるのを待っているのですか?）そう、愛しているから
（奥さんが霊界に上がったら結婚するの?）そう、待っている
（あわたさんは生まれ変わらないのでしょうか?）まだみたいです
（誰が決めますか?）神様
（生まれ変わりの早い遅いがあるのはなぜですか?）順番で決まっているみたい

（順番ですか？　あわたさんの奥さんに私が会えるように仕向けてもらえませんか）
実はそうしたいと思っています
（奥さんに会いたいと思っていますよ）ああ、そうですか。嬉しいです
（その時はあわたさんを前世時の夫としてお呼びしますよ。素敵でしょう！）感動です。
お願いします
（あわたさんの奥さんはスピリチュアルなことは大丈夫ですか？）はい、大丈夫です
（私のブログを見ていますか？）まだです。これからです
（奥さんの名前は知らないでしょう？）あやといいます。忘れないで下さい
（忘れませんよ。会えるようにして下さいね。他に何か伝えたいことはありますか？）
別にないです

分かりました。あわたのりへいさんは天国にいて、奥さんは修行のため現世に来ているが、愛しているので、また会えるまで天国で待っていると伝わります。奥さんは結婚していて幸福なので、今はそっと見守っていると伝えています。私が奥さんと会えるこ

とを伝えると、嬉しいと言って喜んでいました。私達も、亡くなった先祖様と会うことができれば、それこそ感動です。霊界の方も思いは同じだと分かりました。うすへいさんに、霊界にあるものは下の世界にあるものと同じか聞いたところ、新しいものは上にも上がってくる、どちらを選んでもよいと伝えています。車でもいいし人力車でもいい、歩いてもいいし自転車でもいい、好きなものを選べはいいと話しています。

ため息が出るほど素晴らしい世界がありました。

※天国には現世の人生を自ら途中下車した人は行けません。

20

うすへいさんが魂達にあみだくじを引かせて、当たった魂を降ろしています。

ある時、30代の女性が来ました。とにかく衝撃的な話を伝えてくれました。

アハハハ、アハハハ
（あなたは誰ですか？　初めてですか？）初めてです。来ちゃった。あららら、大変。
うすへいさんがしてくれたの？
（そうですよ。驚いたでしょう。お名前は？）あき子です
（いつ亡くなった方ですか？）2年前
（いくつで亡くなった方ですか？）32歳
（何故亡くなったの？）事故、事故
（こちらの世界に未練はありますか？）ない、ない、ない、ない、ない
（両親は健在なの？）健在、ケンザイ、ケンザイ。生まれ変わったのじゃないようね～
（まだまだ、生まれ変わっていない？　私が霊界のことが得意だから来てもらいました）
あぁ～、あみだくじ。あらぁ～、どうしましょう
（あき子さんはどこの人？　住所は言える？）群馬県前橋市かなぁ～、何だっけかなぁ、
番号が分からなくなっちゃった

（両親に会ってきましょうか？　あき子さんが天国でこんなに幸福だって伝えましょうか？）伝えなくっていいです

（どうして？　両親は悲しんでいるでしょう。32歳で亡くなったあなたを思っているでしょう？）そうか……

（運命だったの？）運命だと分かっていたの。即死。だから大丈夫だったの……。今は幸福だから言わなくていいの

（両親はあき子さんが幸福なの分かっているの？）そうなの。だから、伝えなくっても大丈夫

（あき子さん、霊界で何をして暮らしているの？）恋をして暮らしているの

（ええ！　恋をして暮らしているの？　誰を好きなの？）なおきさんって言うの。私、今、幸福だから、何も言わなくていいの。下に未練ないの。上に行ったら会ったから

（なおきさんはどんな人？）43歳。歳の差があるけど抱擁力があるからいいのね

（なおきさんと結婚するの？）なおきさん言ってくれるかな〜って待ってんの

（待っているの？　天国っていいところですね）本当、行って良かったぁ〜。だって、

お見合いをしようと思っていたから。そういう話が出てていやだなぁと思っていたの。こんなんなら死んだほうがいいと思ったら、死んじゃったの
（あぁ、そうですか。ここは、群馬県○○市ですよ）ええ、うんうん、近い、近い
（どこで亡くなったの？）仕事でね、街に出ていて、交通事故で死んじゃったの
（あぁ、そうですか。亡くなった人は霊界でこんなに幸福なんですね。残された人のほうが気の毒ね。私達は受け入れないといけないですね。両親はいずれ天国に上がった時にあき子さんが結婚していて子供がいたら驚くでしょうね）そうね。産みたい。
なおきさんの子供

分かりました。驚きました。交通事故で亡くなったあき子さんは運命だと伝えています。天国に上がり彼に恋をして結婚したいと話しています。

あき子さんの好きななおきさんも、43歳で亡くなった魂なのでしょうか？　2人の楽しい恋愛が伝わってきます。両親に伝えなくていいと話します。幸福に暮らしていて、天国の住民になっていました。あき子さんは現代の若い女性が話す言葉で早口でおしゃ

べりしていて活発な印象の女性でした。運命で亡くなった魂なので天国の住民になれたそうです。あき子さんとの会話は続きます。若い女性として霊界を見た感想を伝えてくれました。霊界の様子が見えてきます。

（霊界には下の現世と全て同じものがあるの？）例えば？
（結婚式場はあるの？）あるある。結婚式挙げますよ
（みなさんが祝福してくれるの？）新婚旅行も行きますよ
（お産の時の病院はあるの？）あるある
（全て現世と同じなの？）行ってびっくりした。どっちにいるか分からなかった
（ああ、そう。どっちにいるか分からなかったって感じね）そうそう
（文化は？　車は走っていますか？　どこまで進んでいるの？　携帯電話はあるの？）
車、走っているよ。持っているよ。スマホだよ。こうやってやるんだよ
（天国だから泥棒はいないよね？　悪い人はいないよね？　テレビは映る？）いない、いない。テレビ、映る映る。ニュースも変なニュースないよ。だけどほら、こっちっ

て悪いことばかりだけど、そういうのは一切ないよ
（何が流れているの？）雨宿りの会がありましたとか、レポーターが来て、アナウンサーも来る
（いとさんが金賞を取りました、バーベキューがありますとか？）いとさんが金賞取りましたとか、募集もしているよ、みんな出るよ
（芸能人で亡くなった人も霊界に行って同じ仕事をするの？）選べるから、やりたかったらやる
（大物歌手の人は歌を歌っていますか？）歌ってくれるよ。コンサートもあるよ
（ひばりさんは歌っていますか？）いるよ。うすへい村にいるよ
（えぇ！　裕次郎さんはいる？）いるよ。この間もうすへいさんとひばりさんが話していたよ。花もひばりさんのように、なってほしい
（そう！　そこは外国人はいるの？）いるよ。アメリカ人がいるよ
（いるのね。それは前世時が日本人だったから？）そうそう。そういうことだよね
（私達は生まれ変わりをしているということですね）そうそう、そうみたい！

（あき子さんがそんなに幸福だとは思わなかった。両親に伝えなくて大丈夫ですね）
伝えなくて大丈夫
（両親も幸福なんでしょう！　あなたが幸福なのが、テレパシーで伝わっているのね。天国っていいところですね）分かるの？　天国っていいとこですよ
（素敵なところね。星を見る会もあるでしょう！）よく知っているわね
（うすへいさんに聞きました。なおきさんと行くのでしょう？）そうなの。だから何を着ようかと思っているの。男の人は何色が好きかしら～
（ピンクにしたら？　可愛く見えますよ。白とかブルーも綺麗な色だからいいんじゃないの？）そうしてみます。ハイヒールとか履いて。ヒールがあるほうがいいよね～
（お買い物にも行くの？）行く行く、行きます
（お友達はいるの？　すぐにできましたか？）いるいる。すぐすぐ
（天国はいいところですね。現世と全て同じものがあるのですね）ほんとに、みんなで天国はいいところだねって話しています

あき子さんから見た霊界を教えてもらい、また天国の充実さが伝わりました。うすへいさんの話とあき子さんの話が繋がりました。星を見る会には大勢の霊様が行くのでしょう。

天国は人生を乗り越えた人へのプレゼントです。あき子さんは天国で恋愛をしています。天国は素晴らしい世界だと教えてくれました。また現世に目的を持って生まれると伝えています。

（現世のほうが苦しいんじゃないですか？）修行ですから

（生きることは修行ですね）私は少し修行が短かったけど

（来世も生まれ変わるのが分かっているの？）うん

（何年後になるか分かっているの？）うん

（修行に行くのが分かっているのね）そう

（天国は身体と心を休める場所で、また修行に出るのですね）はい、そうですね

（生まれ変わると記憶はなくなるんでしょう？）魂は覚えているけど記憶は消されるみ

たい
（今回はこんな運命を辿りますよと、神様から伝えられるのですか？）その役割を果たしに行きます
（私達には役割があるのですね。何か他に伝えたいことはありますか？）胸が一杯なので大丈夫です
（なおきさんと幸福になって下さい。結婚式にはお祝いの言葉を贈ります）ありがとう
（うすへいさんに替わって下さい）はい
（替わりましたか？　うすへいさんですか？）あぁ、2人来ましたね。約束は守りましたね
（全く新しいことを知ることができて勉強になりました。霊界はいいところですね。凄いところですね）そうですか？
（こちらと同じものがあると言ってました）そうそう
（心が付いて行かない人はいますか？）好きなようにすればいいんだよ。選べばいい。車でも自転車でも人力車でも好きなものを選べばいい……

（交通事故はないのですね？　すぅーすぅーっと走っているのですね？）そうそう。すぅーすぅーすぅーすぅーっと行くね

（うすへいさん、ありがとうございます。コメントすることはありますか？）みなさんが知りたいことを伝えたいです

（何を知らせたらいいのでしょうか。世間では悪い霊がいると思っています。このことを教えて下さい）うーん

（悪いことをした人は地獄に行きますか？）地獄とは言わない。暗いところに行くね～

（私達は霊に憑かれやすいですか？）う～ん

（健康な身体と心なら憑かれないですか？　病気の人は憑かれやすいですか？）

そうなんだよね～。やっぱり前世時に何かあったんだね～

（なかなか病気が治らないのは自分の弱さもありますか？）うん、そうだね

（世間では霊を悪いものとしています。良いものとして評価することは難しいですか？）

そうだね、ブログを見ている人は分かっているからね～

（今はうすへいさんが来てくれているから、誤解は解けていると思います）でもさ～、

なかなかこういうことは難しいからね〜。強要して、こうなんだよと伝えるものでもないしさ〜。知りたい人だけが知ればいいんじゃないかと思うんだよね。無理に伝えることはないと思うんだけどね〜

分かりました。今回はあき子さんが大変に重要なことを伝えてくれました。あき子さんは生まれ変わることが分かっていました。そして、生まれ変わって目的を果たしに行くと伝えています。では、何が目的なのでしょうか？　人それぞれ役割を持って生まれ変わることが分かりました。大きな目的、使命でしょうか。いいえ、目的とは、生きることなのです。与えられた命を全うする。苦しい人生を与えられて、その使命を乗り越えていくことが、今世のやるべき目的なのでしょう。前世時に知らず知らずに犯した罪の償いのために出会いと別れを繰り返します。うすへいさんは、健康な身体と強い心を持って、天国にまた返れるから頑張って下さい、と伝えています。天国のうすへい村の先祖様達が必ず守っていますから、負けないで下さいと伝えています。

21

天国では星を見る会がありました。
7月7日のその時の出来事をうすへいさんは話しています。

（うすへいさん、何かありますか？）このあいだの報告をしますよ。先日七夕会をしましたよ。それでね。その時に可愛子がいてさ～、男の子だったかな、3歳ぐらいの子でさ～、はるおみ君って子でさ～、その子がさ～、川へさ、飛び込んじゃったんだよ。で、泳げないからさ～、すぐに助けてあげたんだけれど、泣いてさ～。なんで川に飛び込んだのって聞いたんだよ。そしたらさ、お星様が綺麗でさ～、そのプールで泳ぎたかったただってさ～。みんな、ふぅーんってなってさ～、なんて可愛い子だろうね～

（そう。その子だってこちらでは病気で亡くなったんでしょう？）そう、肺炎を患っていてね

（その子の両親はどうしているの？）下にいるね
（気持ちはどうですか？）まだまだ
（そうですよね。天国に行った男の子は幸福なの？）幸福
（誰と暮らしているの？）お祖母ちゃんと暮らしているよ。お母さんの、お母さんと暮らしているよ
（幸せですか？）とっても。その日は200人ぐらいかね～、みんなで川辺でね～、手を繋いでね～、お願い事をしたんだよ～。素敵だろう
（ほんとに素敵ですね）

天国では200人の魂が集まって星を見る会をしたと伝えてきました。あき子さんも、なおきさんと行ったことでしょう。3歳で亡くなったはるおみ君は、天国で祖母が育ててくれています。子供の魂は大人に成長しますから、いずれ両親が天国に上がってきた時に、立派に成長したはるおみ君と喜びの対面をすることでしょう。

22

うすへいさんに伺いました。霊界では動物はどのようになるのでしょう。

(動物のこと、うすへいさん教えて下さい)はい。何なりとどうぞ

(わんちゃんを飼っている人が多いのですが、そこの家の因縁を引きますか？　飼い主の代わりに病気になったりしますか？)うんうん

(その家の因縁を受けて死ぬこともありますか？)あるよ～

(死んで天国に上がりますか？　飼い主が亡くなって天国に上がるとまた出会いますか？)はいはい、勿論

(また生まれ変わって、飼うことになりますか？)はい

(わんちゃんと目が合って離れられなくなることもありますか？　それも前世時の何かと関係がありますか？)あるね～

（犬は人間に生まれ変わりますか？）たまに人間に生まれ変わるよ
（たまにはとは何パーセントぐらいですか？）３００匹に１人
（３００匹に１人の割合で生まれ変わるのでしょうか？）そうそう
（それはご褒美ですか、人間に尽くした犬だからですか？）それと、愛された犬だから
（生まれ変わった犬は一生人間ですか？）そうそう
（では、私達人間は動物に生まれ変わりますか？）あんまりない
（人間の魂は高級霊なので動物に生まれ変わることはないのでしょうか？）ないない
（蛙や蛇に生まれ変わるという霊能者がいますが本当ですか？）えー、ない、ない。なんで人間が蛙になるんだよ。でたらめだね〜。どこにいるんですか？
（よく、殺すと恨むと言われる生き物もいますが、恨みますか？）はい、神様の使いだからさ〜
（神様の使いの動物はどのくらいいますか？）一杯いる、一杯
（十二支は神様のお使いですか？）そうですよ
（どんなに小さな生き物でも殺さないほうがいいですね）力はそんなにないけれど、

蛇は蛇だからさ～

（こちらも逃げたほうがいいですね。犬は人間の因縁を引いていることや、病気を持って逝ってくれることも分かりましたが、その後その家は良くなりますか?）うん、なる

（それも縁ということですか?）決まっていたんだよ～

分かりました。可愛いペットも縁があり巡り会ったことになります。動物は使命として飼い主を守っていることが分かりました。うすへいさんは、犬が人間に生まれ変わる時は、お産が重く大変に長い陣痛に苦しむと伝えています。忠実に尽くした犬はご褒美として人間に生まれ変わり、また飼い主の元に帰ることになります。

23

現世では親が子供を育て守る年数より、子供が親を守り看取る年数のほうが長いので、子供が親を守る仕組みになります。子供は親を守るために生まれ変わっているのでしょう。あみだくじで降りてきた女性の話とうすへいさんの話で、霊界のことが分かります。

（誰ですか？）ああ！　何、ここ？
（名前は？）みち子です
（私の仕事場ですよ？）何、ここ
（あなたはどこの人ですか？）福島県
（何年前に亡くなったの？　何歳ですか？）80年前、43歳
（80年前ね。うすへいさんの村にいるの？）そう、お世話になっています

（今、上で何をやっているの？　子供もいて幸福なんでしょう？）畑を毎日やってます
（あみだくじをやって当たったんですよ。降りてきたい人の中から、みち子さんが当たったんですよ）えーえーえ～、へェ～、そう
（思い出しました？）えーえー。どうもありがとうございます。あ、あの時の。そうか、そうか。私、あみだくじを選べなかったです。残り物には福があるってうすへいさんに言われまして。あぁ～当たったんですか。へぇ～
（そうです。当たったんですよ）あ、そうですか。来てみたかったんです
（来てみたかったのですか？　こちらの世界に子孫はいますか？）いますね
（生きていた時は幸福だったの？）それなりに。普通です。子供が、3人いて、子供を育てるので必死でしたから
（その子供達、子孫は今もいますか？　そこの家には行きますか？）はい、たまに
（幸福ですか？　心配はありますか？）ないみたい。へぇ、こうやって降りられるんだ！
（そうですよ。驚きました？）生きていた時に会えていたら違ってたかもね～

（なかなか会えませんよ。ご主人はどうしていますか？　上にいますか？）来るとこ。今病気でね

（下で病気ですか？　近々来るところですか？）下で病気で、生まれ変わったら会えるところなんです

（みなさんは自分の夫を待っているのですか？）待っています

（では、霊界のことを教えて下さい）はい

（霊界で元夫を待っているの？）はい、待っています

（夫が霊界に来るとまた結婚できるの？）はい、できます

（子供も生まれますか？）はい。生まれます

（子供は下にいた時の子供が生まれるの？）そうじゃないー

（また新しい子供が縁で生まれるの？）そうみたいです

（上の縁で生まれた子供は下に行った時にあなた達の子供として生まれるのですか？）

またちょっと違うみたい

（上では上の人生があるんですね）新しい人生が待っていると思って下さい

（天国っていいところですか？）はい、とってもいいところですよ
（みち子さんは生まれ変わらないの？）まだいいかなと思って

分かりました。みち子さんから霊界の仕組みを教えてもらいました。現世で夫は生まれ変わり、亡くなって天国に上がってくるところだと話しています。

驚いたことは、天国では新しい人生を生きるということです。前回のあき子さんも、天国で結婚すると伝えていました。みち子さんも新たに子供を得て生活しています。

天国は現世の延長線にあるのではなく、新しい思いの人生を過ごすことができるのでしょう。現世の延長線にあるのが来世になっていくのでしょうか。前世時に犯した罪を現世で償い、今世の結果は来世に繋がる。今世が如何に大事な人生になるのかが分かります。天国のうすへい村に行った時に、因縁解消として修行を終わらせたいと伝えたのでしょうか。だから天国はいいところだと感じるのでしょうか。

みち子さんの霊界からの話は続きます。生まれ変わりについて話しています。

（天国っていいところですか？）とってもいいところですよ〜
（みち子さんはまだ生まれ変わらないの？）まだいいかな〜と思って
（生まれ変わる時は自分で希望を出すの？）そういう希望を出すボックスがあるんです
よ。紙に書いて、名前を書いて、こうしたい、ああしたいというのを、箱の中に入れ
ると、木の箱なんですけど〜、うすへいさんが見てくれるんです。
で、そのあと、うすへいさんと面談がありまして、また細かい話をするんですけど、
そこで話し合って決めて、その後どうするか、今度はうすへいさんが神様に言ってく
れるんです。それで決まるんです
（その時に、女の人で生まれたいのか、男で生まれたいのかっていう希望を出すの？）
それも選べますね〜
（女性としては気になるのですが、美人で生まれたいとかも？）それはダメ。みんな、
美人で生まれたいから
（それはダメなのね。できないのね。鼻が高いとか、目は二重とか、選べないの？）
そこまでは……選べない

（男か女かは選べるけどあとは選べないの？）だって、それが個性だから。美人とかは関係ないのよね〜

（やはり美人は遺伝ね。お名前は付けてきますか？）そう、名前は決められるの

（どうやって決めるの？　例えば好きな歌手とか？）例えば、流行《はや》りの名前。その人によって違うからね〜

（名前は決められる。決められるのは名前と性別だけ。運命は決められているのでしょう？）だってね〜、生まれ変わるって素敵なことなの。天国を知っているから。上の世界を知っているから頑張りたいと思うの……

（生まれ変わるって素敵なことなの？　頑張ったらご褒美があるの!?　下の世界は辛いですよ、生きるって苦しいだけですよ）ある、ある。そして守られていることを知りながら、また生まれ変われるから幸福なの。魂は分かるけど本人は分からないから、だから辛いだけになっちゃうけど

（そういうことですね。だから天国が中心ね。霊界から降りてきて修行や苦しみがあり、また天国に上がっていくのですね）はい

生まれ変われることは素晴らしいことだと、霊界から降りてきたみち子さんが教えてくれました。霊界に上がり、ご褒美を頂いて、魂の位が上がり、やがて高級霊魂になり、うすへいさんのように神様のお役に立てる魂になるのでしょうか？　それとも修行に来ている私達を何百人も導き学ばせる高級守護霊様になるのでしょうか？　うすへいさんの家の前には木の箱があると言っていました。生まれ変わりの希望者は、今世の修行の目的を確認して、与えられた人生を全うする役目を果たしに現世に来るのでしょう。

私達は荒波を勇敢に闘う魂だと分かります。運命、性別、名前は霊界で村長さんと決めてきますから、超えられない苦労はありませんが、全ては自分自身に課せられた運命なのでしょう。

24

（あみだくじで当たった方ですよね）だね～、どこ～？　来たことがあるなぁ～、ある気がするな～

（当たった方ですよ。来た気がするって、お名前は？）さんぺいです。あれ～？

たついしさんぺいです。あれ～。このあいだも来たよ～。あれあれ？

（さんぺいさんは、はたけやまさんぺいさんではなかったですか？）たついしさんぺい。苗字間違えた～。はたけやまさんぺい。私はさんぺいです～

（うすへいさんに、よく似ているって言われる、さんぺいさんでしょうか？）さんぺいです～。はたけやまさんぺいです～。そうそう

（もう一度名前を言って下さい？）ワハハ、高崎市に住んでいる、はたけやまさんぺいです～

（高崎市に住んでいる、はたけやまさんぺいさんですね）はい、さんぺいです～。あれ、

当たっちゃった。一杯来たい人がいるのに、なんで当たったのかな～。ここはあなたの仕事場ですか？
（そうですよ。さんぺいさんは幸福なんでしょうか？）とても。再婚したんだ、最近
（えぇ！　天国でも再婚があるの？　うまく行かなかったことがあるの？）ちょっと喧嘩しすぎてさ～相手がいなくなっちゃったんだぁ。他の村に出ていっちゃったんだよね
（そうでしたか）悪いなと思ったんだけれど、こっちの世界は喧嘩はないんだよね。で、淋しくって再婚しました
（うまくいかない？　性格が合わなかったの？）そう。こっちの世界はさ～、喧嘩はないんだよ～。それなのに喧嘩をするということは、よっぽど気が合わないんだろうね。ということで、うすへいさんと話し合ってお別れしましてね～
（そうですか。まだ伝えることはありますか？）ないです。ありがとうございました
（うすへいさんに替わって下さい）はい、かしこまりました
（うすへいさんでしょうか？）はい、帰ってきました。みんな状況が分かってないんだ

よね～。私もちゃんと言ってあげれば良かったね～
（うすへいさん、またお願いします。楽しい会話ができたので、お願いします）そうだよね～、今度はそうしますね。急に降りてくるから言葉が出てこないみたいだね～
（私にしてもらいたいことがあれば、言ってくれたらしますよ）そうだね。みんな所構わず降りてきたいからね～

分かりました。

さんぺいさんが降りてきました。霊界の方もはっきりと性格が出ています。さんぺいさんは初めは混乱していましたが、おもしろくて明るくひょうきんな人です。

そのさんぺいさんが再婚したと伝えてきました。天国の住民も現世と同じことをしているのでしょうか。現世との違いは、天国ではすぐに再婚ができるということです。

さんぺいさんはすぐに再婚ができたようです。霊界は望めば手に入る場所だと分かりました。うすへいさんを通じて霊界の不思議が分かり始め、信じられないほどに疑問が解けています。天国の住民は現世にいた時と変わりなく生活をしていると伝わりました。

さんぺいさんは離婚をしたことになり、相手は別の村に行ったと言っています。離婚したあとに再婚をして今は幸福に暮らしていると伝わりました。天国でも家族、夫婦と暮らしているのです。驚くことは、性格は天国に行っても変わらないということです。

25

うすへいさんと話をしていた時に、「今日は上が騒がしいよ。みんな降りてきたいと言っているよ。どうする、降ろす?」と私に尋ねた時の会話を伝えます。

うすへいさんは上に向かって話し始めました。

独り言のように見えますが、うすへい村の人達と話をしています。このような内容です。

今日はずいぶんと上がね～
（上が？……呼びますか？）そうだねぇ～。降りてきたいかい？　こりゃ大変だ～。一杯いるから〈上の霊界に向かって〉全員は無理だよ。みんな指差しているよ～
（疲れてなければ、誰か新しい人でお願いします）今日は1人だよ、うん、ダメ～。1人だよ～。うん。ちょっとジャンケンしてくれる？　はい。ウィヒヒ……ジャンケンしてるよ。なかなか決まらない！　あぁ～いいですか？
（はい、どうぞおいで下さい！　おいで下さい）じゃあちょっとね。お願いします
（どなたですか？）かたやまじろうって言います
（男の方ですか？）はい、ジャンケンで勝ったよ
（ジャンケンで勝った人ですね？　どなたですか？　どこにいた方ですか？）はい。私は伊勢神宮の近くです
（なぜ亡くなりましたか？）病気で、33歳で死にました
（今は天国で何をしていますか？）私はきぬこさんと結婚します
（キノコさん？）きぬこさん。この間結婚式場を予約してきました。伊勢神宮で……

（いつ頃ですか？　結婚式は？）ええっと、初婚です。
伊勢神宮で挙げてから、うすへいさんの村でパーティーです。11月3日です。
2人で決めました
（いい日ですね。文化の日ですよ）そうです
（こちらでは、そのように結婚式を挙げているのは見ないけど、多くの霊様がお祝いに来るのですか？）うん
（きぬこさんとは前世時の知り合いですか？　どんな繋がりですか？）はい、幼なじみ。
よく子供の頃に遊んでいたのです
（きぬこさんも、早くに亡くなったの？）きぬこさんが亡くなったのは80歳だけれど、
ちょっと特殊で、生まれ変わった今は24歳
（80歳で死んだけれども、天国で生まれ変わって24歳になったのですか？）魂を貰った
（そんなこともできるのでしょうか？）はい、若い魂を貰った
（33歳のあなたと24歳のきぬこさんですか。良かったですね）はい
（誰かに伝えたいことはありますか？）私はうすへいさんに伝えたいです

（うすへいさんに伝えて下さい）私が天国に行く時、うすへいさんのところに行った時、自分に自信がなくて、また病気になって死ぬんじゃないかと思って、死ぬのが怖いから天国に行くのも、また死ぬんじゃないかと思って、それが怖いと相談してですね。その時、あなたは新しい命を貰ったんだから、人のために尽くし、人のために仕事をしてと。そして、あなたが一番したかった結婚をプレゼントしますとうすへいさんが言ってくれまして、その望みを本当に叶えて下さいました。本当にうすへいさんは、命の恩人です

（うすへいさんが喜びますよ。現世では結婚しなかったのですか？）はい、彼女がいたこともありませんでした

（そうですか。天国に行って素敵な人と巡り会ったんですね）そうです。ありがとうございます。こういうこともあるんですね。不思議だ、天国に行って良かった

（天国に行って良かったですね。また生まれ変わったら幸福な人生にして下さい）はい。私はきぬこさんと新婚生活に入ります

（分かりました。かたやまさん、新しい家は出来ていますか？）これから

（好きな家を造ってくれるの？　大工さんが造るの？）そうそう。それがすごく沢山いるんですよ
（天国は腕の良い大工さんがいますからね）宮大工がいるんですよ！
（宮大工さんがね〜、やっぱりね〜）凄く立派な家が建つんですよ
（新しいデザインの家が建つの？　昔風の？）昔風で好きな家が建つんです。木造の家
（道路はあるの？）ありますよ
（隣との距離はどのくらいあるの？　離れているの？）家の？　でもあまり変わらないかな〜。そうだね、たとえて言うと、住宅街って感じかな〜。天国村かな〜
（高いビルはあるの？）ないです
（会社に勤めに行くという感じはあるの？）あるけど会社というビルはない！
（そうですか、ビルはないんですね。みんな住宅街で、会社に働きに行くということではなくて、みんな楽しく家で暮らしているというイメージですか？）そういうイメージですね
（ありがとうございます。よく来て下さいました。これでいいですか？）はい

（聞き忘れました。あなたは何年前に亡くなった方ですか？）53年前です
（そうでしたか？）ジャンケンで勝ちました
（はい、大丈夫です。うすへいさんに替わって下さい！）はい
（今日はこれで終わりにします。うすへいさんですか？）はい。あぁ良かったね〜
（うすへいさんに感謝していました）やぁ、そうかね〜。私はたいしたことはしてないよ〜
（それがいいんですよ。うすへいさんの人柄ですよ）みんなが好き。私はみんなが好き。みんなが〜
（そうですね。だからみんなも、うすへいさんが好きなんですね。私もうすへいさんと精神は一緒ですよ。みんなが好きです）そうだよね〜
（だからみなさんに愛されているのですね）そうか
（うすへいさん、ありがとうございます）はい。帰ります。今日はカレーです〜
分かりました。かたやまさんは33歳で亡くなった方です。霊界のことを伝えて下さい

ました。現世では53年前に亡くなったと分かりました。

かたやまさんは霊界に上がり、天国に上がる前に立ち寄った場所があります。面接の部屋です。現世の人生はどうであったかを話し合います。その後、家族のいる天国村の村長に紹介されますが、天国村に行く魂と暗いところに落ちる魂とに分かれます。天国では家族で暮らしても、1人でもよしと言っています。好きにすればいいと、うすへいさんは話しています。かたやまさんは霊界に上がった時に、現世では病気になり生きる希望を失い、生きてきた苦しみや絶望感をうすへいさんに話しました。

うすへいさんは全て理解しています。そして一番したかった結婚をプレゼントしてくれました。かたやまさんが生きていたなら86歳です。きぬこさんは80歳。2人は幼なじみだったと分かりました。霊界に上がった魂は、亡くなった時の歳で天国村にいるようですが、きぬこさんは若い命を貰ったと伝えていますから、特殊なことがあり、若い命を貰うこともできるのでしょう。かたやまさんから天国村の様子を伺いました。

宮大工が和風の立派な家屋を造ってくれると伝わりました。大勢の宮大工が鉢巻きに半纏姿で働いている姿が目に浮かびます。うすへいさんは霊界に上がってきた魂に、

「分かち合い、一緒に涙を流し、これからの人生を話し合いますよ～」

と伝えています。

天国村の方が、天国はまた別の人生が待っていると思って下さいと伝えてくるのは、このような例があるからでしょうか。うすへいさんとの面談の場所で天国村と暗い場所に分かれます。やはり自殺は暗い場所に落ちてしまいます。
※亡くなった人が初めに会うのは村長です。３人の村長と面接をする場所があります。
仏教では生前の行いを裁く場所です。

26

うすへいさんにお願いして、新しい方を霊界から降ろして頂きました。

その時の様子をお伝えします。９月の霊視です。

（うすへいさん、お久ぶりです）はい、はい、どうもお久ぶりです。は～い

（うすへいさんは何か変わったことはありますか？）これから秋の季節では、紅葉狩りなどありますよ。それが楽しみぐらいかな～

（会議しますか。村長さん30人くらいで会議をするのですか？）そうだね～、でもまぁその村の会議だから村長は皆集まらず、村ごとにやるんだよ～

（そうですか。うすへいさん、今日はどなたか降ろしますか？）ああそうする。誰でも来たいよね～。でもさ、皆来たいから、どうしようか？　もう一度、ジャンケンでいいかね～

（前回はジャンケンでしたね。何人ぐらいいますか？）一杯いるよ。1、2、3、4……下に手を下ろしているのは8人。あとは皆見ている。ジャンケンして下さい。はい、はい、決まった。いいかい？　いいって言ってますよ

（はい、どうぞおいで下さい。どなたですか？　どなたですか？）私は今、ちょうど、ジャンケンで勝ったんだ～

（どなたですか？）ゆきちです
（いつの時代の方ですか？　それは名前ですか？　苗字ですか？　名前は？）うん……、
ゆきちです。奈良時代です
（ええ～、奈良時代ですか？　何歳で亡くなりましたか？）52歳です
（天国で何をしていますか？）商売をしてます
（何を売っているの？）お米を売ってます
（奈良時代もお米を売っていたのですか？）そうです～
（どういうお米を売っていたんですか？）私達の時代は何産とか、京都産です
（そうですか。ゆきちさん、結婚してますか？）はい
（奥さんの名前は？）ふ、み、こです
（その人との前世時の関係はあるの？）きょうだい。この世は幸福ですか？
（幸福ではないですよ）今の平成という時代はどうですか？
（大変な時代ですよ）私達が生きていたのとは大違い
（そうですよ～）いろいろな物が便利になって、人はそれに頼るばかりで、幸せかな～

と思っています
（やっぱりそう見えますか？　心は虚しいですよ。物が一杯あってもね）うん、心は淋しい？

（心はね。何年、何百年、何千年経っても変わらないと思いますよ。淋しい人はずっと淋しいでしょうね）物が増えすぎて自然を見るのが少なくなったかと思ってね〜。日が落ちれば何時だ〜とか、日が昇れば何時だとか？　そういうことを言わないとか、分からせないと。時計だよな〜

（ゆきちさんの時代はいい時代でしたか？）いい時代だった〜

（奈良時代でしょう！）奈良時代〜

（何百年前ですか）何百年になるかな〜

（千年以上前ですよ。その時は、何か不便はありましたか？）不便なんてない、全て当たり前
（何か伝えたいことはありますか？　どたなかに）私は、うう、誰というか、誰というのは特にないけど、最近の日本を見ていると、昔の歴史を大切にしてもらいたいな〜、

そのぐらいだけれど、たいしたことは言ってないかもしれないけど、皆さぁ～天国にいる人達はいろいろな時代の人達がいるだろう、とても勉強になるよ！
（そうですね。仲の良い人はいますか？）うすへいさんだよ！　仲良しだよ
（うすへいさんと仲がいいのね。他にいますか？）あとね、クマノさんという人と仲良しだよ！
（天国で満足していますか？）とっても満足ですよ
（生まれ変わる予定はありますか？）まだないね。でも生まれ変わりたいと思わない！
この時代にやっていけるかな～！
（そう思うのですね。天国村のみなさん、充実した毎日なんでしょう？）穏やかで平和でとてもいいよ！

分かりました。
奈良時代のゆきちさんをキャッチできました。今から１２００～１３００年前になるのでしょうか。うすへいさんの村から、初めて奈良時代の方がみえました。ゆきちさん

から見た天国村を話しています。最近は天国村の方から質問されるようになり、どのように答えたらよいか戸惑います。

天国村のゆきちさんとの会話は続いています。

そして、うすへいさんに繋がっていきます。天国村の方の気持ちが伝わりました。

（ゆきちさんは、朝は何時に起きるの？）6時です
（ラジオ体操するんですよね）するんですよ～。うすへいさんが張り切ってね、はい、はい、そうそう、楽しいよ
（お子さんはいるのですか？）うん、2人いますよ、女の子がね
（そちらで結婚したんでしょう？　結婚してから子供ができたの？）そうですよ
（奈良時代は子供はいましたか？）うん、うん、いましたね～
（その子供達とは天国村で会っているの？）会ってますよ
（その子供達は大人になっているの？）うん、うん
（そして結婚して新しく生まれたの？）そうそう

（そうなんですか）楽しいなぁ～

（楽しいでしょうね。天国ではこちらの人生とまた別の人生を味わえるんですね）そうなんだ～、第2の人生だね～

（すべてが良くなっていますね）そうだよ～

（他に伝えることはありますか？）うすへいさんはいい人だから、今後ともよろしくお願いしますね
（こちらこそ、助かってますよ。私達も助けられていますよ）それだけ
（今日はこれでいいですか？）いいですよ～

（うすへいさん、いますか～？）私、いるよ
（今日はこれでいいですか？）これでいいかね～

（うすへいさん、変わったことはありますか？）ちょっとね関節が痛いよ～

（えェエ！　うすへいさんでも関節が痛いですか？　霊界でも痛いところが出てくるのですか？）あるよ、あるさ～

（そう～）医師はいるよ、薬は飲まない

（そうですか～） 薬は飲まないけど、これを食べたらいいとか、ここを揉めばいいとか、教えてくれるんだよ～

（そういう医師ね。手術はあるんですか？） 手術をしたとは聞かないね～

（みなさんは病気が治るのですか？） 治るよ

分かりました。

ゆきちさんは、霊界では新しい人生があると話しています。うすへいさんは、いつもそばにいるらしく、私が呼び寄せるとすぐに返事が返ってきます。ゆきちさんは、仲の良い人にうすへいさんとクマノさんがいると伝えています。どんな時にも天国村の村長うすへいさんは、みなさんのそばにいて、村長の役割を果たしています。

必ず「うすへいさんが……」と伝えてきますから、村長を軸にして天国村（霊界）は動いているのでしょう。不思議なことに、ゆきちさんは天国村で結婚をして子供がいました。奈良時代から天国村にいるわけですから、そこには時空を超越した現象があるのでしょう。

奈良時代の時に親子であった子供達とも、霊界では巡り会っていると、伝えています。天国村にいる方は第2の人生がありますと伝えてきますから、望めば叶うのでしょうか。天国村の住民は我慢をする、無理をするなどの様子はまったくありません。

春の小川のせせらぎに、さらさらと笹舟に乗って、スミレや蓮華の花とたわむれながら、時を超えているのでしょう。幸福な様子が伝わります。

うすへいさんは薬は飲まないと伝えています。天国村の常備薬は漢方なのでしょうか。知れば知るほど健全な生活があると分かってきました。荒波を最後まで乗り越えた人達は天国村の住民になれるのでしょうね。

27

うすへいさんとの話の中で、どなたかを降ろしてもらうことになりました。

その時はまだ10月だったので紅葉狩りの話をしています。

(今日はどなたか降ろしますか?) おっとっとと、そうだよね〜。誰か降りてきますか?

5人もいるよ。あぁ、どうしますか?

(どうぞ1人) じゃ、またジャンケンですかね。張り切っているよ。1人だけ?

(1人だけです) はい、決まったみたいだよ

(では、どうぞおいで下さい! 替わりましたか?) はい、今ジャンケンをして

(勝ちましたか?) あららら

(女の人ですね) そうです

(よく来てくれましたね。お名前は?) はい。ひかりです

(ひかりさんの苗字のほうは分かりますか?) ふう、うん、ふじたです

(どのくらい前に亡くなったの?) 70年前

(いくつですか、今は?) 43歳

(天国で幸福に暮らしていますか?) はい、はい

（何か伝えたいことはありますか？）あぁ～聞きたいことがあります
（はい、どうぞ）こちらのほうは今、どんな食べ物が流行《はや》っていますか？
（あぁ、食べ物ね）難しい～
（70年前だとレストランはなかったですよね、ひかりさん）ない、ない
（こちらだとファミリーレストランというのがあって、おいしい洋食が食べられますよ。ハンバーグ、カレーライスとかね）カレーね
（ひかりさんはどんなお料理を作るの？　主婦でしょう？　旦那さんや子供がいるのでしょう？）そう、そう、子供が好き嫌いがあるのでね～
（いくつくらいの子供がいるの？）４歳と3歳、年子なんです
（年子の子供がいるのね。こちらではハンバーグといって、おいしい食べ物があって、子供達が大好きですよ）この間、うすへいさんが連れて行ってくれた洋食屋さんで、エビフライを食べました
（それも、ありますよ）あぁ、お店がたくさんあるんですね、この時代は
（そうです。ひかるさんは、こちらにもご飯を食べに来ますか？）はい。でもその時は、

うすへいさんが連れて来て……くれないと行けないのです
（うすへいさんはこちらの世界に連れて来てくれたの？）はい。ツアーがありまして、あの〜いわゆる、はとバスツアーみたいなのがね〜このあいだうすへいさんが開いてくれてね、私達家族は当たったんです。で、あの〜遊園地、浅草の遊園地に行って。そのあと洋食屋さんに行って、楽しかったです
（ええ〜、浅草の遊園地ってまだありましたか？）ありましたよ〜
（いつのことですか、行ったのは？）最近で、秋のはとバスツアーです
（ああ、そう、浅草ね）花やしきで、あのう〜くじびきで。あと、向かいのよしださん、はなざわさんと、そのご家族で
（みなさんは全員でどのくらいの人数ですか？）ええっとね、30人弱ですか〜
（そう、ひかりさんのご主人は何歳なの？）私の主人は43歳、一緒
（こちらの世界でも夫婦だったの？）新しい人
（こちらの世界の旦那さんは上にいるのですか？）私ね、結婚できなかったの、ずっと病気だったから……

（良かったですね、天国で結婚できたのですね）はい。いろいろな旅行を計画してて、ちょっと今回当たってしまったので、次回は難しい～

（そうね、紅葉ツアーがあるって、うすへいさんが言ってましたね）紅葉ツアー、うん、はとバスにはまっているみたい、うすへいさん

（紅葉狩りがあるって言ってましたね～）そう、そう、そう。あの～、何て言うのか、バスガイドはうすへいさんなんですよ。あの、スカートを穿くんです。あの、紺色のブレザーみたいなものを着て、あの、頭の上に帽子を被るんです

（うすへいさんが？　アハハ、ワハハ、アハハ）足が変だなぁって言って、皆で大笑いしたんですよ。楽しかったですよ～

（ひかりさんは生まれ変わりたいと思いますか？）今はこちらが楽しいから、ないです

（こちらの世界では苦労したんでしょう！）はい、ずぅーっと病気だったから、白血病だったから

（辛かったですね）はい

（ひかりさんは、どこにいた方ですか？）長野県松本市です

（ご主人も長野県の方？）そうです
（天国で巡り会ったのですね）そうです
（あと他に伝えることはありますか？）うん、うぅー、ないです
（ひかりさんはだれかの守護霊様になっているのですか？）まだ。
話したいことは、今すぐに思い出せないから大丈夫です

分かりました。

天国村では秋の紅葉狩りの季節になっていました。うすへいさんは楽しい旅行を企画してみなさんを楽しませていました。ひかるさんは天国にいて、１人ではこちらの世界には降りてこられないことや、現在は誰の守護霊様でもないと伝えています。霊界では何でも自由に決められると伝わりました。うすへいさんが、バスガイドの制服を着て、歌を歌っていると思うと、おかしいやら、おもしろいやら。天国村の様子が生き生きと伝わります。天国村がこのような場所だとは誰も知らなかったことが、日々伝わってきます。目から鱗状態です。

28

うすへいさんを呼び寄せていた時の出来事です。

(うすへいさんですか?　誰ですか?)違うな~、ハァハァ、違うな~

(お名前は言えますか?　初めての方ですか?)ハァ、違うな~、ハァ。

は、ん、じ、つ、ね、ゆ、き

(はんじつねゆきさん。初めてですね?　いくつの人ですか、はんじさん)99歳

(なぜここに来ましたか?)急に身体が落ちた

(へえ。あみだくじで当たって降りてきましたか?)違うな~

(なぜ降りてきたのですか。私は光稲《みついね》です、知っていますか)光稲かぁ。私の孫だ!

(何か用があって来たと思いますが……。ええ?　孫だったのですか?　いつの時代の孫ですか?)孫だ~。……300年前、江戸時代の時の孫だ

（花さんは知っていますか？）知っている。うすへいさんの孫だ
（その時代にいた人ですね）はぁ、なんで～？　ここはどこだ？
（ここは私の仕事場です。伝えることは何ですか？）伝えたいことは、えぇーっとね。
徳川家康公の短歌。あの人の教えの一つ
（徳川家康公の一番有名なのは、鳴かぬなら鳴くまで待とうホトトギスというのがありますよ。それのこと？）そうだな～。あの精神力を持ってこれからの人生を頑張りなさい～
（頑張りなさい？　それは私に言ってるの？）そうだよ～、お前に言っているのだよ～。すぐにうまくいかなくっても、じっと堪えて待つ
（それは私のスピリチュアルな仕事に対して言っているの？　この仕事をしているのは、上のみなさんは知っているのですか？）はいはい、知っているよ～
（あぁ、そうですか。役に立つようになりますか？）そうだよ～
（こんなに素晴らし世界を知ったのだから辞めませんよ。みなさんと話ができるのですから。霊界の生活を教えてくれるのは初めてです。はんじさんは、花さんのことは詳

しく分かりますか?)よくは分かんない。あの子は毬をついて歌っていたな～

(300年前ね。その時も、歌が上手だったのですね。うすへいさんの孫だったのね。だからうすへいさんが守護霊様なのですね。今日降りてきてくれたのは、はんじさんは私の祖父だからですね?)そうだよ、そうだよ～

(その頃は武士でしたか?)私は商人でした
(あぁ、そうですか。どんな商売をやっていたの?)魚屋。魚好きだろ～?

(好き好き。魚が好きなのはそういうことね)そうだよ～

(うすへいさんは豆腐屋さんだから、その時代にいたんですね)よく酒を飲んだ
(お酒を飲んでいたのですね)そうだよ～

(はんじさん、今は誰と暮らしているの?)私は母親とだよ～

(私の曽祖母ですか?)そうだよ～

(私にメールを送っても届かないという人がいますが、誰か霊界から止めていますか?)

私は分からない!　うすへいさんなら分かるよ～

分かりました。驚いたことに私の３００年前の祖父が降りてきました。声はかすれていて、喉を詰まらせた渋い声で話し始めました。

はんじさんは天国の方です。江戸時代は魚屋をしていたと伝えていました。

私に徳川家康公の俳句を例に挙げて、これからの人生を堪えて待つようにと教えに来ました。このようなことを伝えた霊様は初めてです。身内らしく激励をしてくれたとは、言葉が見つからないほどに驚きました。はんじさんは魚が好きだろうと問い掛けています。前世時に関わったものが、今世では趣味嗜好となるのでしょうか。はんじさんとの会話はまだ続いています。

（はんじさんは99歳で、天国では魚屋さんをしていますよね。花さんの現世のお祖父さんは天国で布団屋さんをしていましたが知ってますか、お盆なので家に帰りましたか。ピアノの下で寝ているると言ってましたか）寝てるって言ってたよ～

（もうお盆が終わったので天国に戻ってきましたか？　はんじさんはどこか行ってきましたか）私は帰らない。帰れない人がいるからお店をしてたよ

(今は何が売れますか?) 今は鯛、めでたい
(鯛、めでたいね。何かおめでたいことがあって鯛を買って行くの?) やっぱり実家に戻るから鯛を買って行くんだ~
(みなさん現世の家にお土産を持って行くの) そうそう、焼いて食べている
(そうですか。霊界と下は繋がってますね) そうだよ~
(何か伝えたいことはありますか?) 私はこの歳でも天国で元気にやってます。みなさんを守、り、た、い、から。私のところに来て下さい。99歳です
(誰を守っているのですか?) お前だよ
(私を守ってくれているのですね。守護霊様は何人くらいいますか、いつもいる人と別の人の時がありますか?) だいたい一緒。守護霊様は300人くらいいるよ~。日本人だけではないな~。髪が黄色、肌が白い、目の青い、美しい守護霊もいるよ
(そうですか。私は何回ぐらい生まれ変わっていますか?) 分からない。ゴメンね~
(いいんですよ) 家康の心を忘れないでね~
(はい、そうします) 決して高ぶらないで~、忙しくなるから、身体に気をつけるんだ

よ～元気そうだね

（ありがとう。頑張りますね。いつ頃から忙しくなりますか？）言っちゃダメだって

分かりました。はんじさんは天国で魚屋さんをしています。

おかしなことに、「めでたい」とジョークを言っていました。お盆には先祖様達は実家に帰る際、鯛をお土産に持って行くと伝わりました。焼いて食べているそうです。

はんじさんと話していると、大勢がそばに来ている気配がします。確信的なことに触れると、分からない、言っちゃダメだと、伝わりました。知りすぎるとこちらが運命を変えてしまうからでしょうか。

守護霊様のことは別の方の時も確認していますが、やはり何十、何百といて下さいます。前世時の両親や身内の方が守っていることが伝わりました。

天国には前世時からの先祖様が居て、私達を力強く守って下さいます。

私達は日々の試練に耐えるために生まれてきました。

私達は荒波を勇敢に闘う魂なのです。

あとがき

運命は決められていますが、何か起きることは必ず必要として起きていることです。

たったひとりのあなたに天国から、うすへいさんが命の尊さを伝えています。運命を背負って生きていく困難や苦労にはいつか終わりが到来すると思えば、長い人生を越えていけるでしょう。

天国をあなたに知って頂くことで、私の願いも叶います。

相談者、文芸社様の協力のもと本書出版に至り、このような本が世に出せました。

私のペンネーム「光稲《みついね》」は、両親の祖母の名がミツとイネだったこともあり、命を頂いた先祖様への感謝と敬意を込めて命名いたしました。

あなたの人生が少しでも安らぐことを心より祈っております。

著者プロフィール

松山 光稲（まつやま みついね）

群馬県出身。女性。

2000年、スピリチュアルカウンセラーとして開業。

天国村の村長・うすへいさん

2020年10月15日　初版第１刷発行

著　者　松山 光稲

発行者　瓜谷 綱延

発行所　株式会社文芸社

〒160-0022　東京都新宿区新宿1－10－1

電話　03-5369-3060（代表）

03-5369-2299（販売）

印刷所　株式会社フクイン

ISBN978-4-286-21992-9